父亲对孩子的影响，

会融进孩子的血液里，

跟随他一辈子。

如果父爱缺席

父爱如何左右我们一生的
工作、情感和生活模式

胡慎之 | 著

天地出版社 | TIANDI PRESS

图书在版编目（CIP）数据

如果父爱缺席/胡慎之 著.—成都:天地出版社，2021.1
ISBN 978-7-5455-5977-4

Ⅰ.如… Ⅱ.①胡… Ⅲ.①男性－家庭教育 Ⅳ.①G78

中国版本图书馆CIP数据核字（2020）第190215号

RUGUO FUAI QUEXI

如果父爱缺席

出 品 人	杨　政
作　　者	胡慎之
特邀策划	耿懿凡
责任编辑	王　絮　高　晶
特邀编辑	邓英德
排版设计	仙境设计
内文排版	小石头工作室
责任印制	葛红梅

出版发行	天地出版社
	（成都市槐树街2号 邮政编码：610014）
	（北京市方庄芳群园3区3号 邮政编码：100078）
网　　址	http://www.tiandiph.com
电子邮箱	tianditg@163.com
经　　销	新华文轩出版传媒股份有限公司

印　　刷	河北鹏润印刷有限公司
版　　次	2021年1月第1版
印　　次	2021年1月第1次印刷
开　　本	880mm×1230mm　1/32
印　　张	9.5
字　　数	190千字
定　　价	49.00元
书　　号	ISBN 978-7-5455-5977-4

序 言

选择做父亲：痛是难免，苦是甘愿

这是一本关于"父爱"的书。

"父爱"是一个宏大的话题，我不想用一部长篇作品来反映一个时代的父爱，我只想用心理学知识来帮助爸爸、妈妈和孩子在家庭这个特定的场景下，理解与"父爱"有关的行为及其背后的心理动因。

说起爸爸，你会想起什么？爸爸跟你说过的让你印象最深的一句话是什么？你能回忆起跟爸爸一起做过的三件事吗？

好吧，这些问题可能都不太具体，还带有一点儿主观的情绪。

那么，让我们来做一个小游戏，回忆一下吧：

你还记得小时候，你们家吃饭的时候，你的爸爸坐在餐桌的哪个座位吗？你和你的兄弟姐妹们呢，你们坐在哪里？

在中式的朝堂上，皇帝选择独坐在龙椅上；而西方著名的君主亚瑟王和他的骑士们，则是围在一张圆桌边议事的。座位的设计，是一种权威的象征。

在传统中国社会，最高一辈人是家庭的权威，对家庭的其他成员来说，座位的选择通常只有两种：一种是与权威能够有目光交流的位置；另一种是肢体靠近权威的位置。选择不同位置，体现了家人对权威的态度。

家庭关系是由家人组成的一组关系。在一段关系中，能够传递信息的有语言、情绪和肢体动作等，但是这段关系呈现的结果，却体现在生活的每个细节之中。关系中的人总是相互作用、相互配合，深远地影响着彼此。就好像你跟一个人一起散步，你们的步伐会慢慢变得一致，你也会看到对方眼中看到的风景。

父亲是一个可以选择的角色

父亲这个角色是可以选择的。对每一个选择了这个角色的人来说，它并没有一个固定的剧本。

"父亲"这个角色通常和某种功能联系在一起，比如对孩子的支持；要实现这个功能，就需要父亲有一定的能力，比如能挣钱或者人脉广。此外，在我们的传统文化里，"父亲"代表一种严厉、深沉的爱。

遗憾的是，跟以往任何时代相比，今天中国的"父亲意象"稍显薄弱，硬要总结的话，这个意象就是"缺失"。有不少妈妈都在抱怨"丧偶式育儿""诈尸式育儿""完整家庭里的隐形父亲"，"父爱如山"这样的正面意象似乎消失了。

这里要说明的是，任何一个角色都是在一段特定的人际关系中形成的。父亲的角色跟丈夫、男人的角色是不一样的。一个好丈夫，不一定是一个好父亲。同样，一个把很多资源带回家，拥有高男性价值[1]的爸爸，也不一定是完成了父职[2]的好爸爸。

"做父亲"是需要学习的。

原生家庭是一个伪命题

近些年来，原生家庭问题在社会上得到了广泛的讨论。现在很多来做咨询、听心理课程的人也会频繁地使用"原生家庭"这个词。

但是，对一个真正从事心理学研究的人来说，从关系心理学的角度来看，原生家庭是一个伪命题。一段关系中的人物变了，角色也会随之发生变化，关系当然也就发展为一段新的关系。在新的关系中，人会有新的角色需要扮演，有新的功能需要实现，也会遇到一些障碍，这些障碍可能是各种

1　男性价值：一个男性获取社会资源和经济资源，以供养和维护家庭的价值。

2　父职：男性作为一个父亲的职责，包括传递给孩子价值观和适应社会的能力。

原因造成的。如果仅仅把一个人的问题归结于父母当年没有把他培养好，未免过于片面。

这就好比，一个客户经理接手一段客户关系，然后他一直抱怨，都是因为前任经理不够努力，导致现在他接不到单。前一段关系中的缺憾，最多只是给新关系留下了一些困难，而不应该成为无法逾越的屏障。即使在前一段关系中出现了问题，也绝不代表现在没有改进的空间了。

父亲也好，丈夫也好，他们都要会"自我觉察"。

每一位父亲，在小时候都有可能被苛责过，被父母揍过，有过不同程度的创伤体验。当看到自己的小孩做错了什么，他的情绪可能也十分冲动，忍不住就想要用过去自己父亲对待自己的方式来对待自己的孩子。

这时候，他需要的是意识到自己的父亲角色，意识到这个角色要完成的事，或者简单地说，自己想做一个什么样的父亲，然后面对当下的情况，做出选择。

这就是我们说的"自我觉察"。哲学有两个终极问题：我是谁？我要到哪里去？意识到自己的角色，就是回答了"我是谁"；根据自己的目标，做出选择性的行为，就是解决了"到哪里去"的问题。

我们在社会中扮演的角色经常会发生变化。总是强调父母给自己带来的创伤，有时候只是逃避当下角色责任的借口。

心理咨询师是怎样工作的

很多人都会好奇，心理咨询究竟是怎么进行的。其实它的第一步，就是解决"获益"的问题。

人的每一个行为，都是选择的结果。有选择，就有得失。有一些人被一段关系折磨得痛苦不堪，却无法走出这段痛苦的关系，这往往是因为这段关系还有让他隐形获益的成分。有时候这种获益存在于无意识中，心理咨询师的工作就是帮助来访者把这种无意识层面的东西转化为意识层面的东西。

有一个来访者，是个富二代，他娶了一个普通人家的女孩。他说女孩不仅人长得好看，性格也非常好，还特别勤劳。生了两个孩子后，她把家里打理得井井有条。刚开始，富二代对妻子非常满意。他常常不回家，回家就瘫在一边玩游戏。妻子从来不说他。他想要帮忙做点儿什么，妻子也总是说："你能做什么呀，你就旁边玩去吧。"

后来，他想跟孩子亲近，妻子也会从中阻拦，甚至劝他不要"帮倒忙"。慢慢地，孩子跟他非常疏远，他感觉自己在这个家里被边缘化了。

这个被动变成隐形父亲的人来看心理咨询师，他觉得妻子不正常，但他又不知道到底是哪里不对。我告诉他，他妻子的问题是"不健康的自恋"。

他的妻子自我价值感很低，为了增加自己对这个富裕家庭的贡献，提高自己的地位，她先是抹杀了丈夫在家里的价值，继而抹杀了他作为父亲的价值，把丈夫和父亲的价值都转变成自己的价值。但是，在这个过程中，这位来访者是一个隐形的获益者，他没有承担起一个父亲应有的责任，反而退行[1]到被照顾者的角色，过了很多年"相当舒坦"的日子。

这个案例是不是很眼熟？唐高宗李治性格懦弱，还不爱理政，但是他有一个特别勤劳的妻子武媚娘，于是李治就把奏折都拿给武媚娘帮他看。他自己乐得逗鸡遛狗，过得很闲适。后来大臣们有事就不找他了，都私下找皇后。再后来武媚娘就变成了武则天，跟唐高宗并称"二圣"。

你看，太阳底下无新事。在这些纠缠的关系中，总是有人获益的。有时候获益的是妈妈，有时候是爸爸自己；有时候是今天获益，有时候是明天获益。这有可能就是一段家庭关系、一个亲子问题不能得到解决的"隐情"。这本书就是帮助有困惑的爸爸和焦虑的妈妈走出固有的关系模式，让隐形父亲"重见天日"的操作指南。

1　退行：是指人们在受到挫折或面临焦虑、应激等状态时，放弃已经学到的比较成熟的适应性技巧或方式，而退行到使用早期生活阶段的某种行为方式，以原始、幼稚的方法来应付当前情景，以减轻自己的焦虑。

痛是难免的，苦是甘愿的

做"父亲"是一个选择，做什么样的"父亲"也是一个选择。

日本作家村上春树在《关于跑步我说的其实是……》这本书里说到一个细节：有一天，村上春树躺在巴黎一家酒店的椅子上看一条关于马拉松选手的新闻，其中一位选手被采访时说，他在长达42公里的痛苦比赛过程中，一直反复念叨，用来激励自己的一句格言是"Pain is inevitable, suffering is optional"。村上先生把它翻译成：痛是难免的，苦是甘愿的。

痛苦是难以避免的，但要不要吃这个苦，却是自己的选择。通过自己的选择，甘愿承受痛苦，然后获得自己想要的东西。跑步、写作是这样，人际关系也是这样。

无论一个男人的原生家庭是什么样的，他都可以选择成为自己想要成为的父亲，阻止创伤延续，给予自己的孩子选择命运的力量。

《追忆似水年华》的作者马塞尔·普鲁斯特有一句广为流传的名言："真正的发现之旅不在于寻找新的景观，而在于拥有新的视角。"

关于"父亲"的很多事，也许你已经知道了，这本书只是想从一个心理咨询师的视角，帮你重新梳理家庭关系的那个线团，厘清其中的关系，提供新的问题解决方案。

　　本书的每一章都讲述了一个父亲和家庭的关系与行为选择，也从心理学的角度提出了相应的建议。你可以选择从你最想知道的那方面开始读起。事实上，无论你从哪一章开始，都不会影响你对本书的整体理解。

　　最后感谢林憬文女士对本书提供的极大帮助，祝愿天下所有的爸爸都能做想做的事，成为想成为的父亲。

胡慎之

2020 年　广州

目录

第三部分 | 看见爸爸

{ 第一部分 }

※

如果没有爸爸，世界将会怎样

第一章

父亲角色的精神力量

父亲角色的空前危机

2015 年，网上出现了一个新名词，叫"隐形单亲妈妈"。它说的是许多完整的家庭里，由于爸爸的"不作为"，妈妈犹如离了婚的单亲妈妈，独自抚养小孩。

2017 年，这个概念升级了，变成了"丧偶式育儿"。这是一个精准而恶毒的描述。毕竟离婚的单亲家庭，父母只是不在一起住了，妈妈还可以平静地生活。"丧偶式育儿"说的则是一个打鸡血的妈妈和一个拖后腿的爸爸。妻子只当丈夫已经死了，自己要是不多打几管鸡血，怎么执掌家庭、管教小孩？

2018 年，育儿鄙视链又刷出了新底线，爸爸对家庭的作用变成了"诈尸式育儿"。爸爸死了就死了，妈妈打几管鸡血，一个人也能养好小孩，最可恨的是爸爸死还没死透，跳出来起反作用。

这些扑面而来的怨气，让父亲的角色陷入了稍显尴尬的境地。

爸爸的作用不被妈妈承认，也不被孩子认可，爸爸对家庭的意义究竟是什么？父亲的角色在这个时代还有存在的空间吗？

包工头？还是建筑企业家？

我有一个来访者，他有一个关于"爸爸的烦恼"的故事。

这个爸爸在男性的世界里是非常成功的。他常常说："放眼望去，跟我差不多的人里面，我是最棒的一个。"他管理的建筑企业有上万名员工。社会地位也好，经济收入也好，在世俗的眼光中，无论怎么看，他都是一个成功者，受到各方的尊重。

这个人生赢家来找我时，带着一个很大的烦恼：他的儿子在家里竟然不叫他爸爸。他这个青春期的儿子经常跟他妈说："哎，那个男人在不在？那个男人不在的时候，我再回来。"

人生赢家在自己儿子的眼里就是"那个男人"。他的男性价值很高，但是他的父性价值却似乎没有发挥出来。所谓的父性价值，指一个男人承担父亲的角色，给孩子陪伴、鼓励和支持的价值。这个人生赢家的父性价值不算高，所以孩子对他比较排斥，这就是他的烦恼。

这里面还有个特别有趣的事，他发现儿子跟他一样，是个倔脾气，两个人待在一起就要吵架。用他自己的话来说就是："无论我说什么，儿子都要跟我对着干。"他有时候也会反省，是不是自己对待孩子的方式方法出了什么问题。

　　我问这个企业家："那你是怎么对待儿子的呢？"他说，其实在儿子成长的过程中，他并没有怎么陪伴，绝大部分时间都在商场打拼。他的太太就成了全职太太，儿子遇到什么问题，也都是找妈妈去解决。他虽然给这个家提供了经济支持，但是在家里，尤其是在儿子面前，他就是一个多余的人，像一个被拙劣的导演生硬地安插进这个家里的角色。

　　这个人生赢家还讲了他父亲的一个故事，他说他父亲没什么本事，十里八乡的人都看不起他的父亲。这个没有尊严的人还经常喝得烂醉，对家庭的贡献几近于零。家里的生计都是靠他妈妈的努力和亲戚的支援。他从小就非常厌弃这个被人看不起的父亲，发誓自己绝对不能成为父亲那个样子。长大以后，他变成了父亲的反面，成了一个非常成功的人。

　　他的妈妈遇到了一个那么糟糕的丈夫，一定受了很多苦。作为唯一的儿子，他过早地成长起来，自然而然地就成了这个家里的顶梁柱，成了他自己心目中的完美男人的样子。

　　如今，他发现他的儿子非常不认同他。他就感到很恐慌，生怕儿子是不是跟他当年一样，也在心里鄙视他，立志要成为他的反面。

　　说起儿子究竟是怎么鄙视他的，他说儿子把他叫作"那个男人"。有时候，他带儿子去见建筑行业的圈内人，儿子都是冷笑着说："那些包工头。"

"我在他眼里可能也是一个包工头吧。"这个男人说,"实际上,无论我让他做任何事,他都是冷笑着和我对着干,所以我很焦虑。我想我跟我儿子的联结一定是出问题了,或者根本没有联结上。我希望儿子能够继承我的事业,但是现在我怀疑不要说子承父业,让儿子尊重、喜欢并接手我的事业,就连建立起正常的父子关系,看起来都特别困难。我仿佛看到了当年我跟我父亲的样子,我们之间的'根'已经断了。"

男性价值 ≠ 父性价值

这个故事大概也是很多陷入存在感危机的爸爸们共同的困惑。

被儿子叫作"那个男人"的建筑企业家,一直在供养自己的家庭,他正常地发挥着男性价值,但是男性价值不等于父性价值。不被子女认可,本身就是一个对自我身份的重大挑战,也会让爸爸对自己的男性价值产生怀疑。

在传统的中国家庭里,父亲是家庭资源的提供者,家庭资源有可能是物质财富,也有可能是社会地位。为了在社会中获取资源,父亲们往往很忙碌,他们不得不牺牲与孩子相处的时间。就像那位建筑企业家一样,他们的困惑是:"我是爱我的孩子的,但是我真的没有很多时间陪伴他们。"

电影《大红灯笼高高挂》里,第一男主角陈老爷自始至终几乎没有露过正脸，但他对全家的影响力可谓无处不在。

有一个中年女性来访者说过一件事，她小时候住在军队大院里，每天傍晚，大人们都要去进行政治学习，这个时候她就跟着小伙伴满院子疯跑。但是只要听到谁大喊一声"×××，你爸来了"，她就马上一溜烟跑回家，拿个小板凳到厨房里跪下来，主动请罚。

一个父亲的影响力跟他陪伴孩子的时间有关，但并不都是正相关。

号称"国民老公"的王思聪，其爸爸王健林一度是中国首富。王首富给了儿子一些钱，让儿子想做什么就做什么。对于儿子表示不想接手他的万达集团，王首富也"深表理解"。再譬如美国总统特朗普，他几任太太的子女如今都成了他的得力助手。作为中国、美国的首富阶层，成功人士陪伴孩子的时间，不会比普通人更多，但他们对子女的影响力却是无可替代的。

世界十大顶级家族都有自己的家训。

政治世家肯尼迪家族对子女的训诫包括："父母要经常向孩子讲述他们在事业上发生的事""帮助孩子培养守时的好习惯""兄弟姐妹之间要形成和睦相处、互相帮助的良好家庭氛围"。

西雅图银行名门世家盖茨家族的家训包括："父母要帮助孩子开创人脉网络""接纳别人的缺点，结交志同道合的朋友”等。

《货币战争》中提到的罗斯柴尔德家族的家训包括："教育子女拥有正确的金钱观""坚持不是儿子就不参与经营的原则"。

这些百年显贵家族的家训立意各有不同，不能用简单划一的标准去评判，但他们做的都是同一件事，就是让这些训诫，或者说家族的"三观"被传递下去，传授给孩子生存的法则和生存的技能。而家庭或者说父亲角色与母亲角色存在的价值也正在于此。

被妈妈赶出家门的爸爸

对当代的爸爸们来说，他们在家里的地位开始边缘化的时间，大概要追溯到"超级妈妈"诞生的年代。

20 世纪中叶，因为人口的原因，我国提出了"英雄妈妈"的概念，随之产生的还有一句话——"妇女能顶半边天"。

当我们提出"英雄妈妈"和"妇女能顶半边天"时，"超级妈妈"就出现了。"超级妈妈"既能生养小孩，还能工作赚钱，妇女的社会价值被提升到空前的高度。诚然，工业化的进步使很多体力劳动被机械取代，男女在工作上由体能拉开的差距开始减小。参加到劳动中赚取报酬的女人们开始提出"女性独立"的观点。一个独立的女性不仅有家庭职务、社会职务，还要有"自我价值"。

"超级妈妈"追求的是自我价值和自我实现。在一个家庭里，要满足不断膨胀的自我价值，妈妈们就会否定爸爸对家庭的价值，否定小孩自我成长的价值。她们会强调，"我儿子能考上××中学，能拿奥数奖牌，全靠我每周陪他去上课，陪他一起写作业"，"为了养好这个孩子，我自学成才，甚至拿下了幼师资格证"。当这种自恋式的感动成了一种普遍的风尚时，"超级妈妈"们就理所当然地把孩子的自我价值也攫取到自己的名下，让孩子变成她们实现自我价值的工具。

　　她们会跟人抱怨自己的丈夫："他完全帮不上忙。"或者在孩子面前说："你看你爸，一点儿用都没有。"当一位丈夫被妻子这样指责时，父亲对家庭的意义就已经被孩子的妈妈否定了。男人最害怕的就是听到"你不行"，在做父亲这件事情上也一样。一个女人对她的丈夫说"你没用""你不行"，这就是对他最大的否定。"嫌弃"同时也成了婚姻的第一杀手。她们传递着一种态度：在这个家庭里，你是没有价值的，你的存在只会给家里的其他人增添麻烦。

　　"超级妈妈"在强调自己无所不能的同时，不断强化了两种意识：一个是否定父亲这个角色在孩子成长过程中的价值；另一个是否定孩子的价值。通过这种"双重否定"，"超级妈妈"强化了自己对家庭的价值，强调了自我价值。

　　遭到否定的父亲角色，最终只能蜕变为家庭中的摆设。这就好比在一个工作团队中，当一个人提供的价值被认为对团队的发展毫无帮助时，他就失去了存在的意义。

英国心理学家温尼科特说过："爸爸在一个家里的首要任务是要让自己活下来。"意思是，爸爸首先要让父亲这个角色活下来。

正如开篇所讲的那个故事，在很多家庭里，爸爸变成了一个给钱的家伙，在孩子心里变成了"那个男人"。给钱只是体现了这个男人的男性价值，而不是父性价值。单纯依靠男性价值，父亲这个角色是无法在家里活下来的。被妈妈边缘化的爸爸，被从家里"赶走"的同时，还背负了不负责任的恶名。在成为"超级妈妈"的路上，妈妈们一边驱赶了爸爸，一边感慨自己的悲壮。这就有点儿像一边用保温杯泡枸杞菊花茶，一边继续熬夜玩手机。如果孩子的成长符合大家的期待，妈妈就会把功劳都归到自己的身上。反之，假如孩子有错，妈妈就会说："我一个人带孩子，你还想怎样？"

从社会生产的角度来说，让女性参加工作，有助于提高社会整体生产力。工业化大生产与信息时代的来临，让女性和男性的劳动力差别降低，这是时代发展的必然趋势，随着第四次工业革命的到来，这个趋势还将加剧。然而，从关系心理学的角度来看，在一个家庭里，父职和母职[1]缺一不可，

---

1 母职：女性作为一个母亲的职责，包括生养孩子，给孩子提供安全感和依恋关系等。

不能互相替代。

相生相克的父职与母职

在一个正常的家庭里，父职和母职是相辅相成的。母职一旦变强，父职就会变弱，如同阴阳平衡、相生相克的道理。古时候讲"夫唱妇随"，重点不是主次关系、权位序列，其核心是父母各自承担不同的家庭功能，在子女的成长过程中赋予他们不同的能力，最终使子女形成完整的人格。

所谓人格，是指一个人的性格、气质和能力特征。一个孩子人格的形成，是母职和父职共同作用的结果。

从心理学上的定义来说，女性为孩子提供安全感及依恋关系。对于 3 岁以内的孩子，妈妈是其生命初期最重要的人。现在很多遇到心理问题的人都会强调自己没有安全感，跟什么人都建立不起和谐的亲密关系。那就是因为早年妈妈疏于对他们的照料。比如说，在婴儿时期，孩子饿了，妈妈没有及时哺育，孩子就会陷入恐惧当中，他可能会想："我可能已经被抛弃了。"成年后，当伴侣没有及时回复信息或者报告行踪时，他们的无意识就像一部电影被按下了播放键，所有关于"可能已经被抛弃"的片段就会开始在心里播放。虽然他们并不能真的"看到"这样的画面，但是来自记忆深层的恐惧却会占据他们的身心。这就是"没有安全感"的来源。

知名作家郭敬明在一次访谈中说过，一条消息发出去，假如伴侣3分钟都没有回复，他就觉得难以忍耐，虽然他也知道对方也许是在洗澡、在过隧道，却无法遏制自己产生这样那样不好的感觉。从心理学角度看，安全感跟金钱、职业、性别关系不大，安全感是妈妈在生命之初赋予孩子的一件礼物，如果孩子缺失了这件礼物，在其一生中就有一个挥之不去的噩梦。

　　父职包括供养、护佑、规训、传道、胜利，简单地说，就是教育孩子成为一个什么样的人。所谓传道，就是通过言传身教传递价值观。以前我们常说"子承父业"，孩子继承的不仅是一份家业，也是一个家族的传统和家规。孩子的世界观、价值观、人生观，很大程度上是爸爸传递给他的。

　　爸爸和妈妈最重要的区别在于：妈妈的力量是向内的，就是要把孩子拉回来；爸爸的力量是向外的，是要把孩子送到外面去，使孩子完成社会化的过程。这跟动物本能有关，比如说，幼年的孩子受到惊吓，第一反应是跑到妈妈怀里，这是一种动物本能；爸爸的动物本能是教孩子捕猎，或者说教孩子在外面的世界生存下去的技能。

　　孩子跟妈妈之间的依恋是天然存在的。妈妈在怀孕期间已经跟孩子建立起深刻的情感联结。譬如，孩子在妈妈的身体里动，妈妈能感知到孩子的存在，爸爸是感觉不到的。一位爸爸要被孩子认同，他首先要通过孩子的妈妈，跟孩子互动。如果妈妈把父亲的角色从家里、从孩子身边赶走了，这个家庭的父职就会缺失。

现在很多妈妈把自己过度理想化了，把自己想象得无所不能，对自我价值进行了过度补偿。那些强调"丧偶式育儿""诈尸式育儿"的妈妈，则集体陷入了受害者情结中。我们常常能看到几个妈妈在一起，声讨各自的丈夫怎样欺负自己，然后得到共同的满足感。这是非常危险的。

妈妈变成"超级妈妈"之后，她不仅把父亲的角色"赶出"了这个家庭，同时她还会过度干涉孩子。这两件事往往是同时发生的，一个妈妈如果排斥丈夫，她一定会把孩子牢牢地抓在手里；换言之，如果她把孩子牢牢地抓在手里，必然也会把丈夫排斥在外。

我们经常听到一个妈妈夸孩子"乖，听话"，而爸爸夸孩子，则往往是"有想象力，有点儿皮"；又比如说，孩子闯祸，妈妈通常是指责孩子："你怎么又闯祸了？"爸爸则很可能会说"小孩子闯个祸又怎样？"

雄性动物的本能让爸爸对孩子的爱是有条件的，这个条件就是——"你要有用，有出息，我才爱你"。孩子除了先天"像自己"，拥有自己的（良好）基因传承，还必须是个有用的人。在孩子成长的过程中，爸爸要把他带出家庭，教给他更多技能，让他知晓社会的规则，变成一个有用的人。这与妈妈想把孩子留在身边的本能是相反的。

在混乱的家庭结构中，妈妈不让孩子走出家庭。自身功能不完整的妈妈，还想替代父亲的功能。反之，试图替代父职的妈妈，恰好是无法完成母职的妈妈。这是一个恶性循环。妈宝男都是妈妈培养出来的。在妈宝男的家庭里，一定有一个职责缺失的爸爸。因为父亲角色的缺失，孩子的成长一直被局限在家庭的规则之中，他遇到事情一定是退缩的，外面的世界让他害怕，母亲大人定下的规则才是金科玉律，所以妈宝男的一个典型特征就是：遇到什么事，他首先想的不是解决问题，而是"我妈会怎么看"。

佘太君不是一个超级妈妈

"超级妈妈"可能会觉得这些说法十分可笑。不要说工业时代，杨家将那个年代，佘太君丧偶之后既当爹又当妈，不是也把儿子养得挺成功的吗？

但是，佘太君并不是一个"超级妈妈"。佘太君在丈夫生前死后，都从未怀疑过"父亲"这个家庭角色存在的精神意义。杨老令公战死金沙滩之后，她代替丈夫担起了父职。佘太君在家庭角色中的状态是"舍己"和"无我"的，她以自身作为载体，去发扬父性职能。她强调的是"杨门家规"，对子女的训诫全都来自她的丈夫，或者说她正在延续这个家庭的价值观。她让父亲的角色在父亲死后依然延续下去，强化了这个角色在孩子生命中的功能。

从这个意义上来说，"超级妈妈"的三观跟佘太君完全相反。"超级妈妈"说的是："我一个人也可以把孩子带大。"她们其实是想要替代父亲的功能，把父亲这个角色从孩子的生命里面赶走。

"超级妈妈"身上潜藏的是一种不健康的自恋，或者称为补偿性自恋。

补偿性自恋者的内心独白是这样的："我不是完美的，我只有通过超越他人才能成为完美的人，而这种超越是否成功也要由别人来判断。"

不健康的自恋一般包括三个要素：

1. 低价值感、低价值感带来的高自尊感，以及高自尊感引发的高敏感性；

2. 同情心泛滥，换言之就是承担或替代别人的情绪；

3. 过分的自我拔高，往往会把自己拔高到无所不能的境地，并且不允许别人对自己的事说三道四，因为其自尊的基础是虚空的，任何指责都可能会戳破其"自恋"的肥皂泡。

具有这种特征的人，内心深处觉得自己什么事都干不好。她需要很强的掌控感，事情稍不如意，她就会马上全盘否定别人，用高自尊来武装自己，绝不认错。高敏感性使她们不允许别人说自己有一点点错。

她们常见的特征是出门一定把自己打扮得极其精致。家里每件事都必须按照自己的计划和时间表严格执行。在婚姻关系和亲子关系中，她们是"不会错的"，当然也绝不会向丈夫或者孩子道歉。

　　这些妈妈的行为，从心理学上说，是把客体（即孩子和她周边的一切事物）当成自己的一部分，让她周围的人和事成为满足她自恋的一个工具，被物化的孩子也成了一件工具。这时候，孩子往往会配合妈妈，自动承担起扮演"喂养"妈妈自恋心理的角色。

　　譬如，她们一天发十几条关于孩子的动态，在每个群里都发一遍，整个朋友圈都是娃。

　　补偿性自恋在社会上往往表现为两种极端形态：一种是女中豪杰，一种是完美女人。超级妈妈精致完美，她们时刻惦记着放大自我价值，这恰恰表明她们不认可自己的女性价值和母性价值。

　　从母职本身来说，它带给孩子的是安全感和依恋关系。在一个女人刚成为妈妈的时候，她是需要牺牲自己的。当婴儿出生时，妈妈是他接触到的第一个也是最重要的客体。在生命的初始阶段，婴儿跟妈妈是融为一体的，妈妈就代表整个世界，婴儿的安全感来源于妈妈。婴儿生存所需的一切都来源于妈妈。因此很多妈妈生下婴儿之后，哪怕伤口很疼，也要马上开始哺乳。接下来，妈妈还需要24小时全天候照顾婴儿，待在婴儿的旁边。这就是母职在生命初期的体现。这种状态一般需要持续 3 个月左右。

3 个月后，身边的人可以帮助妈妈照顾婴儿，妈妈才渐渐能够去做其他事情。

在我们的传统里，女人坐月子不能洗头，更不要说把自己打扮得美美的，但是你会发现，现在的超级妈妈都是刚刚生完孩子就去健身，马上就要恢复身材。比如说某女明星，生完小孩一周就恢复到产前的状态，她的小孩是由育婴师和保姆照顾的。因此，超级妈妈是女性强调自我的产物，它并不代表生命初期母性的自我牺牲状态。如前所述，母职完成得不好，孩子长大后会变得非常不信任他人，变成一个内心封闭、喜欢"自给自足"的人。

父亲角色的精神力量

父爱如山。父亲是孩子心理上的一座靠山。父亲供养家庭，保护孩子。同时，父亲也是孩子心目中一个顶天立地的英雄，是孩子成长过程中强有力的精神支柱。父亲能帮助孩子敢于表达，积极进取，追求成功，帮助孩子站在父亲的肩膀上向更高的目标攀登。

父亲的角色对一个家庭毫无疑问是不可或缺的，但是爸爸却不像妈妈那样，和孩子有一种天然的联系。在情绪研究领域，有一个著名理论叫"情绪激活理论"，比如说，爸爸与孩子之间的关系主要是通过打闹、游戏形成的"激活关系"，而妈妈与孩子之间的关系主要是亲密的"依恋关系"。

游戏是父子激活关系的核心内容，这种关系不仅可以给孩子提供许多新的经验或刺激，激活儿童的情感机制，还能促进孩子社会能力的发展，是孩子积极能力发展的基础。作为主要玩伴的爸爸，可以通过游戏帮助孩子摆脱对妈妈的过度依恋，并引发孩子对外部世界的好奇心，而这种好奇心所引发的探索经验往往又成为孩子自信心发展的重要来源。

电影《中国合伙人》里的孟晓骏，出身留学世家，他爸爸是留美博士，他爷爷也是留美博士，孟晓骏的英文特别好。当他接过一本英文词典时，满心欢喜，他把这件东西当成家族的荣耀来传承。这种传承荣耀的感觉，就是爸爸给予子女的一种精神力量。

每出一本新书，每发一个新课，我都会第一时间告诉我的儿子。儿子会说："老爸你好厉害，比我想象的还要厉害。"当我被邀请作为他们幼儿园的演讲嘉宾时，他非常自豪地向大家介绍我，他说："这是我爸爸，他是一个有名的心理咨询师。"在我儿子的眼里，我是一个了不起的人，我真的成了一个英雄。儿子认同了我的成就，他可能会希望成为我这样的人，我们之间的联系、我想教给他的"道"才有可能被传承下去。

爸爸的精神世界就是以这样的方式传递给孩子的。男孩在成长过程中会有意无意地模仿爸爸的角色和行为，这有助于男孩形成鲜明的性别特征。爸爸为孩子提供了一种男性榜样和行为模式，男孩往往把爸爸看成未来发展的榜样，并且模仿爸爸，女孩则往往从爸爸身上的男性品质中去寻找未来人生伴侣的参照。

每个男人都是从男孩成长起来的，男孩需要榜样，最直接的榜样就是自己的爸爸。每个女人都是从女孩成长起来的，女孩对理想伴侣的第一参照标准就是自己的爸爸。

男性精神中可贵的是一丝柔情和几分韧性，女性精神中可贵的是一丝豪气和几分坚毅。这些就是父母赋予子女的精神气质。

第二章

拥有一个合格的爸爸，
是怎样的体验

2013 年，北京大学国家发展研究院的一名老师获准参与南方沿海某城市的一所男子监狱的"留守儿童与犯罪"调研项目。调研结果显示，在该男子监狱服刑的大多是 20 来岁的年轻人，其中 17% 的服刑人员有留守儿童的背景。

这些犯罪人员普遍的特征是：特别爱冒险，在做关于人生的重大决策时，想法跟正常人不太一样。他们没有是非判断，比如对于抢劫这件事，他们不会觉得愧疚，更不会觉得自己正在做一件犯罪的事情。虽然各人表现出来的形式并不一样，但这些犯罪人员基本上都是情感缺失严重的人。

调研结果显示，过分敢于冒风险的人性格有缺陷，缺乏来自父母言传身教的价值观，这些是导致犯罪的主要原因。

美国卫生部组织编写的《父亲在儿童健康发展过程中的重要性》中，提到的"父亲功能"包括七个方面：

1. 和孩子的妈妈培养积极的关系；

2. 花时间陪伴孩子；

3. 养育孩子；

4. 恰当地规训孩子；

5. 引导孩子走向家庭以外的世界；

6. 保护和抚养孩子；

7. 成为孩子的模范。

美国"全国青年纵向研究"对 6403 位 14—23 岁的男孩连续追踪至他们 30 岁，结果发现：单身妈妈独自抚养的儿子更可能做出暴力行为，婚外出生的孩子蹲监狱服刑的可能性是普通孩子的 2.5 倍。

中美学者对青年犯罪的不同研究项目得出了一致的结论：在父职不健全的家里，儿童会面临更高的犯罪风险。

父亲角色缺失的家庭对女孩影响的表现首先是生理上的，比如说她们会较早出现初潮。心理学家赫塞林顿曾做过一个实验，他比较了两组女孩，一组是和父母住在一起的女孩，另一组是只和妈妈住在一起的女孩，结果发现：来自离婚家庭的女孩更早、更频繁地和男孩约会。家里父亲角色的缺失会导致女孩的青春期提前到来，并增加女孩过早的性行为和未成年怀孕的风险。

除了违法犯罪和过早发生性行为，父亲角色缺失对孩子的认知、个性和社会性发展的影响同样也是广泛而深远的。

当代父亲的五大职能

我国心理学家李孟潮，给当代中国的父职做了一个新的归纳，它包括五个方面：供养、护佑、规训、传道、胜利。

1. 供养，就是挣钱养家。

2. 护佑，就是保护家人。爸爸要给予家人一种支撑的力量。比如说在好莱坞著名的灾难大片《后天》中，孩子一直坚信爸爸会来救自己；在国产科幻大片《流浪地球》中，吴京扮演的爸爸为了给孩子争取一个免抽签进入地下城的机会，自告奋勇前往危险的太空履职；电影《哪吒之魔童降世》中，李靖愿意拿自己的命去换儿子的命，在哪吒3岁生日时，李靖悄悄把一张换命的生死符放进了给儿子的礼物当中。无论是精神上的动力，还是物质上的支撑，这些统统都是爸爸给予儿女的"护佑"的力量。

合格的爸爸给予孩子的是原始的自尊感。我们常常听到一些孩子会跟别人介绍，"我的爸爸是解放军""我的爸爸是消防员"……那种口气是特别自豪的。孩子的自尊感一方面来源于被他人尊重，另一方面来源于一个强大的爸爸。这时候爸爸成了孩子的偶像、榜样，成了一个孩子想要成为和超越的人。这正是父亲角色的功能之一，给孩子提供精神上的支持。

我的爸爸年轻时因为成分不好，考上了大学也没法去上，也不能去当兵。他的人生跟他自己小时候相比发生了天翻地覆的变化。于是他的人生态度变得比较消极，又由于内心的抵触，他坚持不肯去干农活。在那个年代，不干农活的人是要被人看不起的。于是同学们就给我爸起侮辱性的绰号。我听到时，心中涌起一种特别羞耻的感觉，同时又觉得有些怨恨。又譬如，当我与人起冲突时，爸爸的第一反应不是保护我，而是问别的小朋友有没有被我欺负。如果有，他就认为那肯定是我不好。那时候，我心想："你为什么是这样一个人啊？"

建筑学家梁思成在回忆他的父亲梁启超时说过，父亲给他的印象是稳重又激进的，父亲说要用今天的我批判昨天的自己，父亲一直在跟自己较劲，而正是这种力量让父亲保持不断进步和成长。这种精神对梁思成的一生影响深远。

所以，父亲这个角色能给予孩子的，有物质上的支撑，同时更有精神上的支撑。

3. 规训，就是给孩子建立规则感，让他们适应并认同世界的规则，并学会符合规则生存的技能。迪士尼经典动画电影《狮子王》里，狮王木法沙告诉儿子辛巴："你将是这个王国的主人。但这并不意味着你想干什么就能干什么。作为一国之王，你要维持这个草原生生不息的活力，尊重自然循环的力量。"木法沙传递给儿子的，就是规则感。

这是父职和母职的重要的区别。妈妈的功能向内，母职发挥作用的主要场所是家庭内部。爸爸的功能向外，父职主要就是把孩子带出家庭，带入社会，教会他们遵守外部世界的规则以及生存的法则。假如母代父职，孩子就会被妈妈一直"留"在家中，长大以后，孩子考虑的还是小家里的规则，或者说是妈妈的规则。

歌唱家李双江老年得子，这个儿子虽然在音乐等专业领域被培养得很好，但是因为家庭的溺爱，他没有得到适当的规训，后来犯下了强奸罪。这些以自我为中心的孩子，因为没能走出家庭的小世界，长大以后会固执地认为世界上的一切都是围着他转的。

真人版《狮子王》里有一个有趣的情节，小狮子辛巴天还没亮就惦记着爸爸说要带他去巡视王国这件事，它的妈妈十分支持这个活动。被吵醒的狮王就对妻子说："好吧，天亮之前辛巴是你儿子。"这是一个有趣的父母分工合作的案例。

4. 传道，就是把自己和家族的价值观传递给孩子。如前所述，世界百年家族，比如比尔·盖茨、罗斯柴尔德等，都有自己的家规与家训，父母把这些规训一代一代地传递下去。

父母在传道方面，也有表现形式上的区别。从心理学上看，妈妈跟孩子的联结可以通过语言和情绪建立，而爸爸跟孩子建立联结最重要的形式是"身教"。比如一个规则，爸爸只有跟孩子共同遵守，这个规则才会被孩子认可；光用嘴说，是不足以令孩子信服的。

为什么留守儿童或者单亲家庭的孩子更容易犯罪？这就涉及真实的爸爸与想象的爸爸的问题。如果说一个孩子常年见不到爸爸，无法在真实的交流中"理解"爸爸的思想，学习爸爸的行事为人，他就只能通过自己的想象来完成。

2010年，河北大学发生一起汽车撞死人后扬长而去的恶性交通事件。肇事司机李启铭的一句"我爸是李刚"成了网友们嘲讽跋扈的"官二代"的流行语。

在"我爸是李刚"的案件中，犯罪的孩子觉得世界是围着他转的，他爸能够解决一切问题。这是他对爸爸了解不够的表现，这样的父子关系并不是一种真实的状态。

在陪伴孩子的过程中，爸爸会把自己的心情、精神、价值观，包括一些为人处事的方式都呈现出来，而孩子也能够从中学习，进而模仿。这是长期陪伴才能产生的效果，如果一年只见一次，孩子就只能靠想象来模仿自己的爸爸。因为他并不知道爸爸在外面干些什么，不知道爸爸真实的样子，爸爸也无法通过"身教"把规则传递给孩子。

5. 胜利，就是给孩子一个强大的父亲形象，成为孩子心目中的英雄和榜样。

跟美国卫生部提出的父职七项功能相比，本书所提出的这五条关于父亲的职能中，供养和护佑这两条自从人类进入父系社会以来，一直不曾改变。

在当代社会，陪伴这个职能出现了一些复杂的情况。信息社会发达的服务产业，使以前的一些父职功能可以通过"购买"来完成。比如说，以前孩子的玩具很多是爸爸动手做的，现在很多都可以买。爸爸作为家庭的供养者，他们往往非常忙碌，实际陪伴孩子的时间可能并不多，但是爸爸依然可以很好地完成父职。爸爸的陪伴不再以量取胜，这就是"父亲意象"建立的意义。同时，当代爸爸的"陪伴"往往还包括了"规训"和"传道"的内容。

为什么要加入"传道"呢？在相当长的一段历史时期里，西方社会曾经是一个宗教社会，父权之上有神权。神权的"道"是轮不到父亲来"传"的。在上帝面前，孩子和父亲的地位差距不大。我国传统文化中没有神权。封建社会的统治者用"三纲五常"把人君和父亲的权力固定下来，成为社会普遍遵循的纲领性的精神。在当代社会，这个秩序被打破了，我们缺乏一个全民一致遵循的"权威父亲文化"的精神指南。所以当代的父亲比以往任何时期都更容易产生"权威焦虑[1]"和"自恋损伤[2]"，而所谓"传道"，是指把家族普遍遵循的精神传承下去，这也是我国当代社会特殊而重要的父职之一。

父母保持积极而和谐的亲密关系，这对孩子的成长的确

---

1 权威焦虑：担忧自己在孩子眼里的权威性不再，从而产生焦虑感。

2 自恋损伤：爸爸们由于缺乏权威感，觉得自己不再优秀，不如自己想象中的那么好。

具有重要的意义。但是，和原生家庭的问题一样，这也是爸爸自我成长和自我完成的一部分。另外，特别需要指出的是，丈夫和父亲是两种不同的角色，有着各自不同的角色功能。一个好丈夫不一定是一个好爸爸。同样，一个好爸爸也不一定是一个好丈夫。现在大家都习惯把这两种角色捆绑在一起，就让很多关系变得不清晰，角色的功能也变得混乱不清。

父亲和母亲的功能差异

看到这里，你会忍不住问，你所说的这些父亲的功能，母亲就实现不了吗？不就是陪孩子玩，教他们规则吗？

是的。即使是同样的功能，爸爸和妈妈最终完成的方式和结果都是不一样的。只有父母双方共同来完成这些事，才能最终锻造出性格完整、刚柔并济的孩子。

中德精神分析治疗师的培训课上，导师都会给学员播放这么一段录像：

一个七八个月大的孩子在床上玩，每当他刚刚能够接近妈妈时，妈妈就迫不及待地冲上前去，想要让孩子触碰到她。但是每一次，爸爸都把她给拉开了。

很多学员第一次看这段录像都会很生气，觉得这就是典型的爸爸带小孩，把小孩当玩具耍。

这时候导师就会告诉学员，这恰恰就是爸爸带孩子和妈妈带孩子的区别：妈妈总是急切地看着孩子，迎上去，接近孩子；而爸爸总是和孩子看向同一个方向，向外探索，并试图加大孩子"探索"的难度。

这就是爸爸和妈妈同为"陪伴"，功能却不一样的地方。

妈妈倾向于接纳孩子，并且降低孩子探索的难度，因为妈妈的功能是接纳和理解，而爸爸的功能是鼓励和学习，是和孩子一起承受挫折。

担任过英国精神分析协会主席的内科医生迈克·巴林特提出来一个叫作"震颤时刻"（thrill）的概念。这个概念有三个标准：一是接近危险；二是失去控制；三是恢复安全。

这三个标准跟爸爸的几个动作有关。巴林特列举了震颤的三个重要动作：荡秋千、玩旋转木马、爸爸的高抛动作。

如果妈妈陪着孩子荡秋千，妈妈只会温和地晃荡一下；但是爸爸在荡时，力度就很大，荡得很高时，孩子就接近了那种心跳加速的危险。一方面是爸爸的力量要大一些，另一方面爸爸被孩子的尖叫声激励，越发用力往上推。爸爸的高抛动作当然也是这样。

在这三个动作中，最典型的当然就是爸爸抛接孩子的动作了。基本上没有妈妈会做这个动作，一是她们的力气不够，二是没有胆量这么做。

爸爸在把孩子抛到头顶时,他还是很淡定的。所以爸爸抛孩子的动作,给孩子带来震颤时刻。

孩子在高空中看到爸爸和妈妈不同的表情——爸爸是淡定的,妈妈是惊悚的,这些表情在他心里留下了不同的印象:妈妈是关心我的,爸爸是接得住我的。在这个被抛向高空的动作中,孩子还会产生一种心理印象:我是被允许高于爸爸和妈妈的。

巴林特把震颤时刻和父亲的功能联系起来,指出孩子心理发育的两个重要的特点。

第一,孩子通过这种活动,能够感觉到父母对自己不同的关照。爸爸有力可靠,很自信;妈妈呵护他,因为妈妈只有把他抱在怀里时,才会放松,微笑。在整个过程中,虽然都是被父母关注的,但孩子的感受不一样。

第二,孩子在被高抛起来时,他唯一的感觉就是失重。在空中,这种感觉是如此"自由"和"无拘束"。

由此,巴林特提出一个重要的概念:自发性。一个人不知道他的潜能有多大,所以他通过被高抛而短暂失控的感受,逐渐去感受自己有能力去探索危险、接近危险。孩子在爸爸的陪伴下对世界产生了兴趣,有了想要探索的愿望,同时又理解了边界的所在。

缺少了父亲角色的孩子就会越来越多地展示出女性的那部分。比如说他喜欢打扮得特别精致,不喜欢走出家门,也不理解外部世界的规则。

再比如现在的一些人，已经成年了，却不知道什么是危险。比如说到无人区去，他们不带 GPS（全球卫星定位系统），不带电话，说走就走。他们以为这是自由、率性，其实是让自己陷入不可测的危险之中，也给身边的人带来很多麻烦。所以爸爸要带孩子去探索，并且鼓励孩子探索更大的危险，他在后面接着。这样的孩子既有探索世界的能力，又能够知道界限所在。

爸爸还有一个独有的功能就是成为孩子的英雄。英雄的特点是：有号召力，能够成为表率和榜样。英雄不是神，英雄是人，做了常人所不能做的事，才成了英雄。英雄都是成功、强大而有荣誉感的。

爸爸有承受和接纳孩子负面情绪的功能。在孩子的成长过程中，爸爸要承受孩子的负面情绪。人都会有负面情绪，孩子也难免。但是，孩子向妈妈表达这种负面情绪，是一种攻击性的表现。孩子往往很难向妈妈表达这样的情绪。这时候，爸爸就成了承受和接纳孩子这些负面情绪的最佳人选，帮助孩子合理转化自己的攻击性。

某企业高管分享过他的一段亲身经历：

他的夫人对儿子的管教一直非常强势，说一不二，什么都要管，而且对儿子要求很高，这也要行，那也要会，致使母子关系十分紧张。而他自己因为总在商场应酬，很少回家，跟儿子经常一周都见不上一面。孩子到初中时，跟妈妈的关系越发恶化了。两个人不停地争吵。儿子一度想要离家出走。这位爸爸一直想找个机会跟儿子谈一下。后来有一天，他把儿子约到小区花园里面，边抽烟边跟儿子说："儿子，听说你跟你老妈关系不是很好。老爸要跟你讲个故事。"

这个老爸告诉儿子："我以前是当兵的，你妈是一个老师，长得很漂亮，追求她的人很多，其中有两个追求者对你妈死缠烂打，你妈拒绝了很多次，他们仍然不肯放弃。后来这两人还为了你妈而打架，狠狠干了两次。我呢，就是其中一个人，后来你妈跟我在一起了，所以，你妈是我好不容易得到的一个人，是我很珍惜的一个人，而且对我来说，她是一个非常好的妻子，我很尊重她、爱护她，所以，儿子啊，你能不能尊重一下我的女人。"

谈完这次话之后，儿子跟妈妈的关系缓和了很多。爸爸向儿子展示了自己跟妻子之间和谐的夫妻关系，包容和接纳了儿子的负面情绪，同时"若无其事"地帮助妻子重树在家里的权威。

爸爸的缺失会影响孩子的自我认知

爸爸是男孩的第一个模仿对象，男孩长大后，身上会有爸爸的影子。当亲生爸爸在他的生命中再也起不到任何作用时，他可能就会去其他地方寻找另一个人，这个人可能是他的上司，或者某个他崇拜的人，他把对爸爸的期待都投射到这个人身上。这时候父亲的角色就真的"死"了。

爸爸是女儿看到的第一个男性形象，她对男性的认知和理解就来自爸爸。美国心理学家赫塞林顿的研究表明：女孩如果缺少爸爸的陪伴，可能会出现性别认知混乱，缺乏性别认同感。爸爸的失职会影响女孩一生的亲密关系。

在这里，我们要分享一个真实的案例。

这个来访者是一位女性。她的丈夫跟女儿特别亲，走路时都要牵着女儿的手，有时候他还让已经十二三岁的女儿坐在大腿上。

这位女子在外面有一个情人，她跟丈夫的关系很糟糕，于是这个家庭的关系便十分微妙。这对夫妻发现，女儿的打扮越来越中性化，到了女儿上高中时，旁人已经在她的身上看不到任何性别特征。与其说这个女孩变成了一个中性的人，不如说她完成了"去性别化"。

妈妈在外面有情人，她跟丈夫根本没有亲近的行为。这个家里缺少了女主人，于是她的女儿开始替代这个角色，但是当女儿成长到了一定的年纪，她会有焦虑感。小时候，她只是爸爸的女儿，并没有性的意识和性的能力。发育之后，她发现自己有能力跟爸爸发生点儿什么，这时候无意识中的乱伦焦虑，或者说伊勒克特拉情结（恋父情结）开始发生作用，羞耻感和愧疚感导致她嫌弃自己亭亭玉立的样子，于是她把自己弄得很丑，对自己进行去性别化的处理，这样她才会觉得足够安全。因为这样的"女孩"就不是女孩了，是不会被爱的，所以是安全的。女孩只有变成跟爸爸一样的人，才能维持跟爸爸的这种亲近。

现在有一些女孩，她们故意把自己弄得很肥胖，她们的无意识跟这位来访者的女儿是一样的，肥胖同样意味着丑陋和不被喜爱，这才是安全的。

说到这个案例，很多人可能会想起成龙的女儿吴卓林，或者王菲的女儿窦靖童。

吴卓林从出生起就缺乏爸爸的陪伴，成龙甚至不承认她的身份。吴卓林的成长一直伴随着各种质疑和嘲讽，也伴随着自卑。2017年10月，年仅18岁的吴卓林在社交网站公开宣布出柜，与30岁的女友同居。

中性化常常让很多人认为是一种个性风范。但是从精神分析的角度来看，女孩的去性别化跟父职或母职的缺失息息相关。吴卓林的妈妈身边没有男人，吴卓林就变成了这个"男人"，扮演了维持家庭平衡的角色。

同样，在爸爸重男轻女，或者爸爸比较弱势的家庭里，身份焦虑往往会让女孩成长为女强人。这些女孩无意识地想要成为爸爸心目中的那个可以给爸爸提供价值的人。你会发现，很多女强人身边的男性往往比较弱势。她们的性生活通常是很糟糕的，甚至大多数时候会形成无性婚姻。

再比如说，在父亲角色彻底死亡的家庭里，女孩也会在外面寻找"干爹"。当她把另一个男人影射为自己的爸爸时，乱伦焦虑就会从精神层面影响她的性生活，令她在性生活中感觉疼痛，严重不适。

但是现在很多爸爸并没有意识到这个问题的严重性。在不和谐的夫妻关系中，丈夫对跟妻子的亲密关系往往是回避的，所以当妈妈要跟孩子一起睡，或者孩子想要跟妈妈一起睡的时候，丈夫会说："太好了！那我就自己睡吧。我可以上网，可以玩游戏，我根本不想和你亲近。"

破除乱伦焦虑的魔咒

有一天，一个 26 岁的女孩来做心理咨询。这个女孩有一位年长的、平时很严苛的男性上司。在一次舞会上，上司邀请她跳了一支舞，跳舞时，上司的手碰了一下她的背。她顿时紧张得大汗淋漓。从这件事开始，她陷入惴惴不安之中，开始不停地观察上司，看他是不是会对她有所图谋。到了后来，她开始失眠，一连几晚睡不着，非常累的时候，就进入一种似睡非睡的状态，甚至出现了幻觉，觉得上司就站在她的床边，好像要和她发生点儿什么。

在咨询中，女孩说起爸爸性格暴戾，情绪很不稳定，在家里脾气非常大，她妈妈看到她爸爸也非常害怕。对她影响最大的一件事是，她的爸爸在她已经有了性别意识之后，还经常光着膀子，穿一条宽大的裤衩在家里走来走去。那时候她七八岁，她看到爸爸就那样瘫在客厅沙发上，她经过时甚至可以看得到爸爸的生殖器。每次回家去卫生间也好，去自己的房间也好，她去哪里都要经过客厅，看到躺在那里的爸爸。对她来说，这是一种非常痛苦的折磨，用她自己的话来形容，就是特别恶心，也特别羞耻。

有趣的是，在咨询过程中，她承认自己还有一些好奇，但是她压制住了自己的好奇，只要想到这一点，她就觉得恶心。这种对异性特殊而隐秘的感觉，影响了她和异性之间的关系。男性生殖器让她觉得恶心，所以直到 26 岁，她也没谈过恋爱。

邀请她跳舞的上司恰好年纪与她爸爸相仿，脾气也很暴躁。在她心里，这就是她小时候爸爸的样子。那一天，上司邀请她跳舞，并且只邀请了她跳舞。她那被长年压抑的好奇，隐秘而不为人知的想跟爸爸亲近的愿望达成了，同时也激发了她心里空前的羞耻感，羞耻感引发了愧疚感，这些情绪排山倒海似的一股脑涌上心头，一下子就把她吞噬了，以至于她精神恍惚，不能入睡，甚至开始出现幻觉。

这个来访者的上司与她的爸爸的一些相似点，让她把心里的爸爸影像和上司重合起来，小时候没被满足的与爸爸亲近的愿望，一直在很深的地方存在着。

在精神分析学上，这被称为"乱伦焦虑"。这位来访者对爸爸在自己面前暴露生殖器的乱伦焦虑，被一次跳舞邀请激发出来，导致她出现了精神问题。

乱伦焦虑是与生俱来的，它需要恰当的释放方式。有时候，我们在网上会看到亲生爸爸对女儿做了什么，又或者妈妈跟儿子之间发生了乱伦行为的新闻。我们为什么会那么好奇？我们一边强烈谴责，一边悄悄地想知道究竟发生了什么。在这个过程中，我们正在释放自己的乱伦焦虑。

精神分析学认为，乱伦焦虑来源于人的乱伦本能所产生的一系列心理反应。这些心理反应对女孩来说是恋父情结，也就是伊勒克特拉情结；对于男孩来说是恋母情结，也就是俄狄浦斯情结。俄狄浦斯是希腊神话中一个弑父娶母的国王。

古希腊德尔斐神殿的神谕说：底比斯王的新生儿（俄狄浦斯）有一天必将杀父娶母。底比斯王听了，大为震惊，于是下令把婴儿丢弃在山上。有个牧羊人发现了他，把他送给邻国的国王当儿子。俄狄浦斯起初并不知道自己真正的父母是谁。长大后他就像英雄一样做了许多大事，赢得伊俄卡斯达女王为妻。后来他才知道，多年前他杀死了自己的父亲，又娶了自己的母亲。俄狄浦斯王羞怒不已，承受不了心中的痛苦，他刺瞎了自己的双眼，离开底比斯，并自我放逐。

俄狄浦斯王知道自己将会杀父娶母的神谕，所以他终生都在避免这个结果出现，但仍然在不知不觉中犯下大错。

俄狄浦斯情结说的是男孩天然有想要跟妈妈亲近的愿望，但是因为害怕被爸爸知道而自我压抑，把爸爸当作一个想要超越的目标，并最终完成对爸爸的超越。同样，女孩天生也有类似的心理反应，精神分析称之为伊勒克特拉情结。

弗洛伊德认为，这段故事反映了人类的本能：男孩爱母憎父，女孩爱父憎母。这种本能与生俱来，不可避免。

弗洛伊德把孩子的心理发展分为 5 个阶段：

1. 口欲期（1 岁前）：其快乐来源为唇、口、手指头。婴儿长牙以后，快乐来自咬牙。

2. 肛欲期（1—3 岁）：其快乐来源为忍受排便和排出粪便，紧张地控制肛门括约肌。

3. 俄狄浦斯期（3—5 岁）：其快乐来源为生殖部位的刺激和幻想，恋母或恋父。

4. 潜伏期（5—12 岁）：儿童将兴趣转向外部，去发展各种知识和技能，以便应付环境的需要。

5. 生殖期（12 岁以后）：性欲逐渐转向异性。这一阶段起于青春期，贯穿于整个成年期。

孩子的一生是从与母体分离开始，由一元世界到二元世界，再到三元世界[1]，继而面向社会，逐渐走向独立的过程。

1　一元世界：婴儿刚出生时，觉得自己就是全世界。二元世界：婴儿和母亲融合在一起的小世界。三元世界：孩子、父亲、母亲三人组成的小世界。

母子连心，怀胎十月，胎儿在妈妈的子宫获得营养，他和妈妈合为一体。妈妈分娩让婴儿来到这个陌生的世界，婴儿第一眼见到的、给婴儿提供乳汁的是妈妈，和婴儿亲密互动的，也是妈妈。作为一个弱小的生命，他必须倾尽全力依恋妈妈。随着婴儿自我意识的发展，婴儿意识到有一个"我"。但是，婴儿对妈妈的渴望依然非常强烈，婴儿会"霸道"地认为，妈妈只属于我一个人，此时的家庭关系进入二元世界。爸爸虽然出现在孩子的生活中，却只是一个背景。

3岁以后，孩子进入俄狄浦斯期，他发现或意识到，家里除了妈妈，还有一个爸爸。妈妈不只属于他一个人，还属于另一个比他更强大、更有权威的男人。

这个时期，孩子开始在本我（本能）和道德规范（超我）之间挣扎，对爸爸有着复杂的感情。孩子想独占妈妈，想与爸爸竞争，但又害怕争夺后受到惩罚。孩子想成为爸爸那样有力量有本事的人，赢回妈妈全部的爱。在这种情感挣扎中，孩子需要学会实现本我和超我的平衡，以便使自我快速发展。

俄狄浦斯期是性别认同的关键期。孩子自然的心理发展过程应当是这样的：男孩承认自己不如爸爸，然后向爸爸学习，以实现对男性的认同，从而具备男性的性别意识，正确理解家里的"三角关系"。此时，父亲这个角色发挥着积极的功能。

心理学所说的俄狄浦斯期，不仅仅是狭义理解中的孩子"恋母"的那段时期，而是母婴由依恋到相对分离的转化过程中，孩子心理发生一系列变化的那段时期。

只有父母理解了孩子在俄狄浦斯期的心理变化，并给孩子以恰当的回应和帮助，才能促使孩子的心理向积极健康的方向发展。

比如说，父母要在恰当的时间和孩子分床睡，父母切勿故意当着孩子的面亲昵。太晚分床，对孩子身心发展不利。不要像对待小婴儿一样，对幼儿过分地亲吻、抚摩或搂抱，增加孩子的依恋情绪。

对女孩来说，一个合格的爸爸，就是能够陪伴女儿，当女儿亲近自己的愿望发出时，给予恰当的回应。比如说，在孩子很小时，爸爸可以亲亲、抱抱女儿。等到她长到有性别意识的年纪，对这些要求，爸爸就要适当回避。比如说，爸爸依然可以牵她的手，可以亲吻她的额头和面颊，至于让女儿坐在爸爸的大腿上，和女儿勾肩搭背，这些行为都是应该回避的。

尤为重要的是，父母要让孩子明白自己的角色，以及父母之间的关系。父母要告诉孩子："爸爸妈妈都是爱你的，但妈妈是爸爸的妻子，爸爸是妈妈的丈夫，我们要相互陪伴，生活在一起。你是我们的孩子，我们会共同给予你更多的爱。"

父性不是育儿过程中的点缀

2016 年 6 月，美国儿科学会发表《父亲在儿童发展中的角色》报告，解读爸爸在孩子不同成长周期中都扮演着什么样的角色。

在婴儿期，爸爸跟婴儿的关系更多与"玩"相关，在唤起情感交流方面，爸爸和妈妈的能力旗鼓相当。但是爸爸情感表达更强烈，能促进孩子的探索性、独立性，而妈妈温和的情感表达能促进宝宝的安全性和情绪平衡。即使在离异家庭，不与孩子住在一起的爸爸若能增加与孩子相处的时间，也会对孩子在儿童期及青春期的精神健康产生积极影响，降低问题行为的发生风险。

孩子 3 岁左右开始进入语言发展期，当爸爸更多地参与婴儿期的照料、玩耍与沟通时，9 岁时孩子出现心理问题的风险就会降低；当爸爸与学龄前儿童进行大量肢体游戏时，孩子未来出现问题行为的风险会降低，社交能力也会更好。在美国，一个针对 8—12 岁孩子的爸爸的养育辅导项目使那群孩子当中出现攻击行为的比例大大降低了。

当孩子进入青春期后，爸爸早年是否参与了育儿跟青春期孩子的认知发展、男性青少年的问题行为、女性青少年的情绪问题高度相关，并且会影响青少年犯罪率。爸爸的育儿付出也会减少青少年女孩性早熟、过早性行为、早孕等现象的发生。

爸爸对孩子自我认知的发展是极为重要的。如果孩子不认同爸爸，就无从了解何为男人、何为女人、何为男女之间的关系。孩子通过跟爸爸的互动从精神意义上了解了自己的性别、自己的家族姓氏。如果缺少对爸爸的认同，孩子就会对自己的"来源"产生怀疑，对自己的去向感到迷茫。

作为群居动物，人类需要有归属感。一个人一旦对自己的来源和存在的意义产生了迷茫，就很容易在人群中"找不到自己"，继而引发身份的焦虑。父亲身份、父亲精神价值、父性功能残缺的家庭里的孩子，更容易出现抑郁、焦虑、社交障碍、自杀倾向等形形色色的精神疾病或障碍。

第三章

爸爸的缺席，
会让儿子终身"缺钙"

日本作家渡边淳一在《男人这种东西》里提到一个有趣的话题：战后日本男人变得缺乏阳刚气概，不仅如此，整个社会的生育率都在不断下降。越来越多的日本情侣或夫妻虽然关系和睦，但他们之间的性爱次数却很少，甚至没有。原因之一就是当代社会让很多男人在面对女性时无法拥有自信。

我国古代有"男女七岁不同席"的说法，男孩和女孩是在一种近乎隔绝的环境中长大的，因此长大成人的男人和女人，彼此互不了解。结成伴侣后，怀着对对方的"憧憬和仰慕"，反而比较容易进入自己应当承担的角色中去。

到了当代社会，男孩女孩从小就在一起相处。从生物学的角度来说，10 岁以前，女孩在智力、体力、心智的成熟度方面都会超过男孩。从幼儿园到小学的很长一段时间里，女孩的学习成绩通常比男孩好，成熟得也比较早，这样一来，男孩在女孩面前就会比较自卑。信息社会的发展使需要男性力量的地方也相应减少，在搜索引擎极大发展的时代，女性的知识水平，以及对事物的独立见解，都远超以往。男孩在这样的环境中成长起来，往往会形成自卑、消极且缺乏征服欲的个性，社会上独当一面的女强人、不愿承担责任的弱男人会越来越多。

渡边淳一从社会的角度诠释了当代男人缺乏阳刚气的原因。从家庭的小环境来说，父亲角色的功能不完整也会导致男孩终身"缺钙"。

父亲的特质：规则、力量、荣誉

在西方文化中，父权之上有神权，爸爸和儿子同为男性。从这个意义来说，爸爸和儿子是平等的。儿子是在超越爸爸的基础上成长的，就像西方神话里有弑父文化，儿子踩着爸爸的尸体成为新的君主或者英雄。

在我国传统文化里，只有君权和父权是被具象化的实体，人君和父亲的权威被神圣化了。从这个意义上说，想要成长的男孩只能踩着爸爸的肩膀成长。这里有两个问题：一是爸爸愿不愿把肩膀借给男孩；二是爸爸有没有肩膀给男孩借力。

父亲的特质应该包括三个方面的内容：规则、力量、荣誉。这三个特质在女儿和儿子身上的表现形式并不一样。

对女儿来说，一个在规则约束下拥有力量和荣誉感的爸爸，给予她的是一个理想男性的印象，这个男性组建的家庭也是她未来家庭的模板；对儿子来说，把他从妈妈的身边拉开，带去外面世界的爸爸是强大的，爸爸教给他世界的规则和生存的法则。强大而有荣誉感的爸爸是男孩早年的榜样，是他想要超越的目标。

所谓爸爸的肩膀，或者说爸爸对男孩的承托作用，在男孩的社会化过程中体现得最为明显。

婴幼儿时期，如果爸爸不在身边，男孩的男性特征的形成就会受到阻碍。研究发现，4 岁前失去爸爸的男孩明显缺乏男性应有的果断性和进取性，同时在行为上更容易表现出女性化。

随着男孩长大，爸爸参与男孩的游戏，会促使男孩性格形成及能力的提高。如果爸爸经常和儿子参与竞技性的运动，譬如足球、篮球等，不仅能促进男孩的身体发育，同时爸爸身上体现出来的果断性、进攻性等男性特质，也会对男孩的个性培养产生潜移默化的影响。

爸爸还会影响男孩思考问题的方式，以及智力的开发程度。同时更为重要的是，父亲角色的榜样力量会影响儿子对男性性别的自我认知。

弗洛伊德将人类本能的内驱力分为性驱力和攻击驱力。

这两种力量是每个人与生俱来的本能，本身没有好坏之分。这两种力量很多时候是杂糅在一块，一起出现的，很难截然分开。譬如，男孩对一个女孩动心，想要追求她的那一刻，既需要性驱力，又需要攻击驱力。如果缺少了攻击驱力，男孩就很难鼓起勇气去表白；反之，女孩如果拒绝了男孩的告白，也是攻击驱力的一次释放。

攻击驱力是一种非常强大的生命原动力，它的特征之一是可以转化。

世界上有很多人痴迷于各种类型的竞技比赛：足球、篮球、电子竞技。看台上激动的观众因比赛而获得的快感不亚于场上的运动员。他们通过看运动员比赛，释放了自己心理层面的攻击驱力。所以常常有人形容，看完一场比赛"好爽"，浑身都舒畅了。又比如说，现在有很多年轻的男孩女孩狂热地迷恋"爱豆"，一方面他们在明星身上寄托了自己的愿望，另一方面，很多在外人看来"偏激"的行为其实是他们释放攻击驱力的方式。例如他们不分昼夜地给偶像投票（打榜）；不允许任何人对偶像略有微词，否则他们就一拥而上，谩骂对方（控评、屠榜）。其实这跟追捧体育明星、爱看体育比赛是一样的，也是一种释放攻击驱力的方式。

爸爸带领孩子去参加对抗性的体育运动，或者做一些游戏，也可以把攻击驱力释放为一种有效的动能。

攻击驱力还有一种特殊的转化途径，就是变成创造力。在陪孩子玩的过程中，爸爸还可以帮助孩子把攻击驱力转化为创造力。与妈妈相比，爸爸更喜欢与儿子探讨逻辑性较强的问题，更能满足孩子的好奇心，而好奇心也是促使智力发展的一大因素。早期失去爸爸的男孩，智商较低，认知模式女性化，这些影响一直会延续到长大成人；而那些和爸爸相处机会比较多的男孩，其智力较发达，智商也较高。

举个例子，孩子在搭积木，搭得乱七八糟，他可能在完成之前偷偷瞄妈妈一眼，这时候妈妈如果说："这不对，儿子，让我搭一遍给你看。"孩子以后就只会按照这个模板来搭积木。假如这时候爸爸走过去说："怎么搭都没有关系。怎么搭都是你自己的事，对不对？"这个孩子以后就会搭出各种花样，还会拿来和爸爸分享。在这种情形下，爸爸给予的认同，充分帮助孩子发挥了智力潜能。尝试各种可能性，脑回路才会被拓展，攻击驱力才能被转化为创造力。

从更抽象的角度讲，人类的攻击驱力还能转化为想要获得更高的成就、更多的知识、更多的荣誉的动力。

从精神分析的角度讲，攻击驱力是人生命的原动力之一，它转化的力量异常强大。攻击驱力得以很好释放的人，从某种意义上说，也拥有更强的生命力。

攻击驱力的第二个特征是，它既能向外释放，也可以对内释放。

2019 年，我国电影史上出现了一部票房约 50 亿元的动画电影《哪吒之魔童降世》，刚刚出生的哪吒咬了妈妈一口。妈妈的表现是"好疼"，但是没有任何其他行为了。

从心理学角度来看，哪吒妈妈的反应，是非常正确的。

在我们的幼年时期，如果有一个人能够全然接纳我们的攻击驱力，我们就会收到一个信号，攻击驱力是被允许的。在这个基础上，攻击驱力才有可能被转化为其他形态，成为滋养我们生命的强大动力。反之，有些孩子的攻击驱力被压抑了，它就会转化到其他地方，孩子可能会转而攻击自己。如果影片中哪吒的妈妈反手给了哪吒一巴掌，那么他收到的信息就是："攻击驱力是不被允许的。"再长大一点儿的孩子，面对类似的情形会形成一种更不好的无意识："妈妈这么脆弱，我再攻击她，万一她死了，那怎么办？"被压抑的攻击驱力就会向内释放，变成内疚、自责，甚至自我虐待。这些都是造成抑郁症的重要发病原因。

再譬如还有一些来自父母的隐晦的攻击。比如，他们总是逢人便说："孩子只要健康快乐就好。"他们无意识里也许有别的愿望，所以才需要特别强调这一点来掩盖。这种"暗示"常常会产生让人意想不到的结果，比如没有满足父母愿望的孩子，会觉得自己对不起家长，于是他们会感到内疚，内疚就是对内的自我攻击。

生命的另一个原动力是性驱力。著名的"俄狄浦斯情结"说的就是性驱力。

在成长的过程中，一方面男孩各方面的能力在增长；另一方面，他看到父母相亲相爱的样子，长大以后，就把这种恋母的感情转而投向其他女性，建立了自己的亲密关系。

一个家庭如果爸爸缺席，一个被妈妈养大的男孩没有看到父母之间亲密关系的样子，就只能单纯地压抑自己的性驱力。性驱力不足的男孩长大以后，自然缺乏阳刚之力。

从自我身份认知的角度来看，爸爸是儿子接触的第一个男性榜样，如果儿子不认同爸爸，他就失去了一个参照物。同时，假如爸爸是缺失的，儿子就缺少了把他带入男性世界的那个引路人。长大以后，男孩不可避免会缺少对男性群体的归属感。爸爸会深刻影响儿子最终长成一个什么样的男人。

妈宝男想跟伴侣建立的是母婴关系

很多女孩遇人不淑是因为自己遇到了妈宝男。现实生活中，很多妈宝男受过妈妈的精心培育，拥有很好的教养，女孩并不那么容易提前分辨，尤其是在热恋当中。

辨别妈宝男有一个简单的判断标准：

遇到事情，一般男性会想："我要怎么办？"而妈宝男想的是："我妈会怎么看？"

孩子出生之后一段时间，与妈妈之间是二元关系[1]。爸爸的

1　一元关系：人和自己的关系。一个婴儿刚出生时，觉得妈妈甚至全世界都必须服从自己。
　　二元关系：母婴关系。在这个阶段，如果妈妈对孩子的照顾较好，孩子就容易过渡到三元关系。
　　三元关系：孩子和父母的关系。如果这个阶段处理得好，孩子会接受一个事实：我爱的人也会爱别人。

功能之一，就是将孩子从妈妈身边拉走，让自己变成孩子的爸爸，变成孩子他妈的丈夫。在这个过程中，孩子才能体会到自己、爸爸和妈妈，是一种三元关系。

男孩如果在成长的过程中，无法在家里体验到三元的关系，直到成年还处在二元关系中，就变成了我们所说的妈宝男。

举个简单的例子，我有一个好朋友小明，我觉得他特别好。我还有一个好朋友小丽，我觉得小丽也特别好。有一天我发现小明和小丽走到一起变成了好朋友。我顿时怒不可遏，无法忍受，觉得小明和小丽都是坏人。

这就是典型的二元关系的思维模式。

体验并且进入到三元关系中的人，才能分清自己和另一个人是两个主体。两个主体之间才是可以合作共赢的关系，也只有在两个主体之间才能建立起真正意义上的亲密关系。

所以从心理学角度上说，妈宝男想要跟女性建立的是母婴关系。

具体的表现形式是，这类人进入亲密关系以后，就会非常想要占有对方，对方不能违背他的任何意愿，不能跟其他任何人联系。

在我的来访者里面，有一些得了"出轨妄想症"的男性。这种男性一直处在二元关系中，他们认为妻子只能是他一个人的，只为他一个人服务。妻子不能跟任何人发生联系，比如说，有一个来访者跟我说，他的妻子去寄个快递、拿个外卖，甚至到楼下扔个垃圾，他都忍不住怀疑妻子跟下面收垃圾的发生了点儿什么。如果妻子没有接他的电话，他立刻怒不可遏，想象她正在做什么不可告人的事情，甚至是不是已经跟人私奔了。

具有这种近乎偏执思想的人，是无法处理好跟任何女性的亲密关系的。这个男人跟妻子之间的关系，更类似于一个婴儿和妈妈的关系。这个妻子就是一个妈妈，妈妈只能完全满足婴儿，按照婴儿的意志来做。婴儿饿了、困了，妈妈必须及时而准确地解读出这种需求，并且给予满足。对于任何介入婴儿和妈妈之间的东西，婴儿都是排斥的。这种病态的联结方式体现在成人的世界里，就是我们所说的"二元关系"，或者"成人之间的母婴关系"。

这种关系是在男孩1岁左右时形成的。妈妈的错误行为导致她没有跟孩子完成分离。具体而言，就是当孩子攻击妈妈时，妈妈从情绪上和行为上都表现得无法接受，并以极度严厉的方式回应这个攻击。孩子因为害怕而妥协，变得乖巧。所以，妈宝男终其一生对妈妈的态度都是：绝对不能违背妈妈的意志。我们在解释攻击驱力时已经提到，妈宝男一生都在维护"脆弱的妈妈"。

在孩子成长的过程中，除了妈妈要以正确的方式接纳来自孩子的攻击，从父亲功能的角度出发，也应该给予母亲有力的支撑。即，允许孩子有这个"攻击"妈妈的过程，帮助妈妈度过"自恋被打破"的时期。帮助妈妈完成跟孩子之间二元关系的分离。

什么叫"自恋被打破"？

心理学将自恋分为"健康的自恋"和"不健康的自恋"。

弗洛伊德认为，自恋是一种精神能量。人首先将爱投向自己，随后随着个体身心健康发展，慢慢才会将爱投向其他客体。

1968 年，美国心理分析学会将"自恋"定义为一种兴趣集中在自身的注意力。

健康的自恋是有益的，不健康的自恋则是有害的。

健康的自恋跟不健康的自恋之间的本质区别是：健康的自恋是基于事实的，而不健康的自恋更像一个一戳就破的肥皂泡，经不起现实的检验。

健康的自恋是真实的自己的一部分，而不是一种虚幻地凌驾于别人之上的并不真实存在的价值感。

不健康的自恋，是需要通过别人来帮助自己完成这个"价值"的。在这个过程中，别人都是工具，世界是围着"我"转的，不围着"我"转的人都应该消失。这种人会有一种不合理的权威感，他们总是认为别人应该无条件服从他们，满足他们的愿望，反之，他们就会生气。

有一种妈妈，她们的自我价值感很低。当她们有了孩子之后，就把孩子的一切都当成自己的价值或者成就，其内心的逻辑是这样的："我这么爱你，如此辛苦地照顾你，你就应该按我想要的方式来回报我。比如说，（婴儿）你就必须保持干干净净的。你要是随地大小便，吃饭不擦嘴，没有'完美'地按我的意志来成长，你就是辜负了我。"这时候，孩子被当成了妈妈实现自我价值的一个工具。

等孩子长大一点儿，有了自我意识，他们往往还会配合妈妈，自动扮演"喂养"妈妈的自恋的角色。

譬如，有来访者问我："我的孩子长到很大了也不能自己好好吃饭，我还需要喂他。"我问她："你孩子在学校吃饭怎么样？"妈妈回答："他在学校吃饭倒还挺好的！他可能有点儿怕老师吧。"

你看，这就是孩子在配合妈妈，成全妈妈的"自恋"。双方永远都是相互作用、相互影响的。

长大以后，同样的情况又出现了："你是妈妈的好儿子，你谈了女朋友必须告诉我，你要结婚得跟我商量。"要是这个儿子没有这么做，就打破了妈妈从儿子婴儿时期就保持的"（不健康的）自恋"。如果这位妈妈一直想掌控孩子，儿子跟自己的伴侣之间的所有事情都要按妈妈的意志来办，这段亲密关系也是很难维持的。

另一种情形是，妈妈没有跟孩子很好地分离，妈妈跟孩子之间"过度依恋"形成了"共生"关系。这跟妈妈的不安全感和焦虑有关。例如，有一个妈妈在家里不被重视，生孩子以后提高了家庭地位，她会把孩子视为自己的财产、自己的一部分。孩子笑了，她会觉得自己是一个好妈妈；孩子哭了，她就会觉得自己是个坏妈妈。其实孩子哭，有可能并不是指责她，仅仅只是饿了，或者要换尿布了。所以，不论过度或者过少都不行。太多的爱或太多的拒绝都不好，她们都是把太多的情感放到了孩子身上，把孩子变成了自己的一部分。

给孩子留一点独处的空间，他才有机会完成二元关系的分离。独处的机会从哪里来？这就需要爸爸把孩子从妈妈身边拉开。妈宝男一定是妈妈养大的孩子，爸爸的缺席以及父性功能的缺失，让男孩永远停留在跟妈妈的二元关系中。

性驱力缺乏、找不到归属感的男性

当下社会上有一种阳刚气质不足但心思很细腻的男生，很多女孩都喜欢和这一类男孩做"闺蜜"。

网上有个流行的段子：

女生：来大姨妈了，肚子疼。
直男：泡点儿红糖水喝。
男闺蜜：疼起来没力气的，确实不好。

女生：我奶奶去世了。

直男：人死不能复生，节哀顺变。

男闺蜜：好扎心，心疼你。

女生：好烦哦，又要加班！

直男：加油！你是最棒的。

男闺蜜：我也好烦加班的。

直男倾向于解决问题，男闺蜜倾向于表达共情。男闺蜜这么做的原因是，成长的经验告诉他，只有这样做，才能让自己过得舒服一些。久而久之，男闺蜜内心真实的想法就表达不出来了。很多时候，我们发现他们变成了女生的男闺蜜，却做不了男朋友。

这种性格的形成是在男孩3—5岁时，对某个重要客体（母亲）的深度认同造成的。具体而言，就是男孩和妈妈这个客体的关系出现了问题。这个时期的妈妈常常在孩子面前表现出自己非常悲惨的样子，向孩子表示自己非常需要他，这时，孩子就会去讨好和取悦妈妈。

弗洛伊德曾经提到"阉割焦虑"，说的就是在男孩的理解中，如果他有亲近妈妈的愿望，他就会被"阉割"（害怕被报复）。这不是真实发生的事，但是它会让男孩无意识地把爸爸当成权威，承认爸爸的能力和价值，尊重爸爸，并想办法超越爸爸。

在这个时期，男孩会变得非常喜欢黏妈妈，想更多地拥有妈妈，在无意识中和爸爸变成竞争关系。这时候爸爸的功能之一就是把男孩从妈妈的身边拉开。爸爸应该展现的原则是："你妈是我老婆，你是我儿子。你长大了会有自己的老婆。"一边坚定地拉开儿子，一边注意不要恐吓和威胁儿子，以防儿子不敢表达自己的真实愿望，这时他们的攻击驱力会向内攻击自己，同时性驱力也不能正常发展起来。

假如这是一个爸爸缺失，或者爸爸虽然在但是父职功能不健全的家庭，爸爸没有能够成功地"挤进"儿子跟妻子之间，造成了母子"相依为命"的二元关系的延续，导致男孩同情妈妈，过度承担妈妈的情绪，就会造就这种性格的男生。

一个父职功能不健全的家庭，父性功能缺失的同时往往还伴随着丈夫功能的缺失。妈妈作为女性，她需要身边有一个可以行使丈夫功能的男性，如果爸爸不在，儿子往往就是最好的选择。男孩就会在家里以另一种角色成长起来。他与妈妈的关系也从母子关系变成了另一种形态，例如儿子成了丈夫的替代者。面临这种情况的妈妈往往会培养出一个"听话乖巧"的男孩。就像我们在街上会看到，一些男孩很大了，妈妈仍然要求男孩牵着她的手，又或者有意无意跟儿子出行的时候打扮得像情侣。

然而，这个行为是危险的，因为男孩会产生乱伦焦虑。这些男孩的无意识中会刻意压制自己，不去发展男性特质。这也是当今社会出现越来越多"中性"色彩浓重、带有强烈阴柔气质的"奶油小生"的根本原因。安全的形态除了变得中性，还可以变得肥胖。在心理咨询中，我们会注意到，特别胖的人往往是性无能者。他展现的是一种没有性吸引力、对同性没有竞争意识的状态。我们常常在一些电影里看到这样的情节：一个常年跟妈妈待在一起的儿子，他可能是女性化的，肥胖的，同时，说话的声音也慢慢变得不带任何男性特质。

从心理动因来说，男孩认为，如果他变得不再像一个男人，对女性（妈妈）就没有性吸引力。他以这样的状态待在妈妈身边就是安全的——安全地回避了内心的乱伦焦虑。与此同时，这些男孩的性驱力也受到严重压抑，以至于他们长大以后缺乏阳刚之气。

男孩的身份需要心理认同

对一个男孩来说，如果家里的父亲角色缺失，或者说拥有一个父职功能不全的、懦弱的爸爸，他不需要花费特别的力气去发展自己，就能够在家里生存得很好。他拥有了虚幻的价值感。爸爸没有能力去训导和惩戒他，他就"自由"而散漫地生长起来了。

父亲的形象，或者说男性的意象，在成年女性的心里常常会被过度理想化。当现实中的男性伴侣和这个高度理想化的意象之间差距过大时，女人就会很失望，转而贬低这个男人。男孩常常看到妈妈贬损爸爸，就会产生一个错误的印象："爸爸是一个很差劲的人。我根本不需要做太多努力，我已经超越他了。"或者，"爸爸对妈妈没有价值，我跟妈妈的关系才是最亲近的，我对妈妈的价值是最大的。你看，妈妈都不跟爸爸睡一间房，我根本不需要去跟爸爸竞争妈妈的爱。"这就给男孩造成了一种虚假的价值感。

在俄狄浦斯情结的推动下，男孩首先觉得爸爸很强大，担心爸爸知道他有跟妈妈亲近的欲望，从而压抑着自己的欲望。在这个过程中，男孩会想要变得强大，想要去超越和取代爸爸。男孩需要跨越爸爸这座神坛，完成超越爸爸的仪式，才能走上自己的神坛。在这个过程中，男孩首先产生了对爸爸的认同感，认同他的强大和权威，向爸爸学习，被爸爸带领着走进男性的世界，最终完成超越。这是一个男孩成长为男人的过程。

一个产生了虚幻价值感的男孩在家里不用发展自己的能力，也能得到他应得的、不应得的各种权利。什么都还没有做，就已经产生了"超越"的感觉，他就失去了成长的动力。同时，榜样的缺失让男孩失去了成为一个男人的目标。

每个人天生被赋予了性别，但性别身份认同需要一个过程，比如说一个男孩要成为一个男人，就必须从心里认同自己的男性身份。

生而为人，我们都有 23 对染色体，其中 22 对是常染色体，男女都是一样的。唯一一对不同的是性染色体，男性是 XY，女性是 XX，男性和女性天生是不一样的。一个人的性别身份认同，需要一个发展的过程。一个男人在心理上成长为一个男人，才是一个男人，女人同此理。所以，性别身份认同不仅是染色体和生物性的认同，也是一种自我认知上的认同。

举一个简单的例子，在那些喜欢把头发剪成板寸的女生中，有相当一部分跟妈妈的关系不融洽。她们很难认同自己的妈妈，当然也在某种程度上不认可自己的女性身份。

在心理咨询过程中，咨询师会非常注意了解来访者的爸爸和妈妈是什么样的人。譬如，有一个来访者说，他小时候，爸爸基本上不怎么回家。他甚至不怎么想得起爸爸的样子，在回忆跟爸爸一起做过的事时，也只是记得爸爸喝多了揍他之类的"坏事"。

听完这些，心理咨询师就知道，这个来访者不认可自己的父亲形象。这可能就产生了一个问题：在成长过程中，他失去了一个用来塑造自己男性形象最重要的参照者。他对自己的男性价值的认同，也就很可能出了问题，因为爸爸没有言传身教地告诉他男人是什么、男性的世界是什么样子的，男孩就会感到迷茫。

被妈妈带大的"男闺蜜"对女性身份深度认同，从而无法完全融入男性群体。社会上还有更少的一部分人，对男性身份认同出现了更为严重的问题。他们会穿女装，会打扮成女性的样子。这样的人已经把自己从男性世界里边缘化了。

特殊的在场方式：退行的爸爸和严苛的爸爸

网上常常有女性抱怨，自己的老公就像另一个儿子，在家里什么也不干，只想像孩子一样被照顾，他要么不回家，一回家就变成一个沙发土豆[1]，瘫在那儿看电视、打游戏。

实际上，从心理学的角度来看，这是一个爸爸退行成一个男性的情况。男性的功能和父亲的功能是不一样的，男性功能只是需要满足跟其他雄性竞争、繁衍以及娱乐自己。

退行的本质是，他们没有能力成长，只能退行。成长犹如逆水行舟，不进则退。

譬如，当我们感到无能为力的那一刻，最好的方式就是退行到小时候的状态，这样我们就不需要再为那些负责不了的事负责了。

一位爸爸不愿承担父亲角色，或者自己觉得能力不足，做不了一个合格的爸爸时，只能破罐破摔，退行到男人的状态。

有一种情况是需要区分的。有时候我们会看到原本非常

---

1 沙发土豆：指的是那些什么事都不干，只是拿着遥控器，蜷在沙发上，跟着电视节目转的人。

厉害的人，他们在恋爱中忽然变得像一个小孩子，愿意被对方照顾。这被我称为"可爱的退行"。这种退行是一种可控的、特定场景下的选择性的行为。而大部分退行通常是无能为力的结果。

退行的爸爸放弃了父亲的角色。一位爸爸有可能由于工作压力、做爸爸的压力、"超级妈妈"的压力，就会觉得"既然我做不了一个好爸爸，甚至都做不了一个好丈夫，那我就做一个好男人算了吧。"从形式上看，他们会表现得更加热衷工作、热衷社交。

作为男性，他们会把钱（或者资源）拿回家里，但是回到家里，他们就把妻子看作一个"为我服务"的工具。

同时他们对自己的孩子，也会产生一种男性之间的竞争意识，其表现形式就是贬低孩子，或者把孩子当成完善自我人设的一种工具。

有些男人在外面受了气，回家就拿儿子撒气。用男性世界的"丛林法则"来对待同为男性的儿子："我无法比一个强者强，我就只能通过欺负一个更弱小的人来证明自己的强大了。"

在这样的家庭长大的男孩，会出现两种情况：一种就像一位来访者形容的那样："爸爸就是笼罩在我生命之上的一朵乌云，挡住了我生活的全部光芒。"他们立志要突破这道云层，但是在不知不觉间，他们其实已经认可了爸爸，并且还会以同样的方式传递给自己的下一代。另一种情况是，男孩立志要成为爸爸的反面，但是由于极度不认可爸爸，他们的成长过程失去了参照物，同样有可能会陷入迷惘。

　　大多数的帝王从某种意义上来说都是"缺失"的爸爸。帝王不敢跟孩子过于亲近，因为这本身就是危险的。他们对孩子在情感上是疏离的，却对"龙生龙，凤生凤"的观念十分执着。他们期待孩子能够变得优秀，从而实现他们个人的期待。被这样的爸爸"教育"出来的孩子，会走向两种极端：一些孩子会在心里跟爸爸较劲，却在不知不觉间传承了爸爸的严苛；另一些孩子则会更多地爱上得过且过的安乐生活，彻底放弃突破那朵压顶乌云的想法，从心理上进行自我放逐，他们无意识地想用自己的失败来证明爸爸的失败。

用"身教"和孩子一起建立规则

　　父亲的功能在儿子身上是很难通过"言传"来实现的，只能"身教"。从精神动力学的角度来说，这是因为男孩对爸爸的心态始终是矛盾的：一方面，爸爸是一个令他敬畏的强大存在；另一方面，男孩一直想要超越爸爸，变成一个更强大的存在。因此对于爸爸所说的话，男孩听了无法"特别认同"。无论是爸爸想要展现自己的强大，还是男孩想要超越这个强大的存在，都需要以实际行动为基础，光说不练是不行的。

　　邓超主演的《银河补习班》里，作为爸爸，他坐了七年牢。

出来之后，儿子根本不认这个爸爸。直到有一天，这位爸爸当着儿子的面，展示了一个非常厉害的技能，超过了在场的所有人，两分钟就挣了几千元钱。这件事让儿子信服了，他觉得爸爸还是挺厉害的。这种认同感产生之后，儿子才会想要成为爸爸那样的人，然后才是超越爸爸，成为更厉害的人。如果没有技能的展示，没有最初的认同，信任和尊重都是纸上谈兵。

在儿子成长的过程中，如果爸爸总是不回家，回到家也不跟儿子交流自己的工作，不参与儿子日常的成长，孩子是无法真正从爸爸身上感受到那些榜样的力量和与有荣焉的自豪感的。这时候，儿子要么会过度贬低自己的爸爸，要么会过度理想化自己的爸爸，比如说，"我爸是李刚"。当理想化的形象被打破时，父亲的意象就会坍塌。同样，儿子比照理想化的父亲形象而建立起来的自我形象也会坍塌。他也将不再认同自己的身份。

我的儿子豆子很聪明，在他参加围棋四段的测试前，他跟我做了个约定。豆子说："老爸，这次要是成功晋级，你能答应我一件事吗？"我说可以。豆子说："那你就戒烟吧。抽烟太臭了，对你的健康也不好。"我想了想，觉得这是一个合理的理由，就答应了他。

豆子测试完毕走出来时，脸上带着一种有点儿幸灾乐祸的笑容，他直接走到我的桌边，拿起烟和打火机，一起扔进了垃圾桶，说："行了老大，咱们开始戒烟了……"

豆子问我："你戒得掉吗？"我说："这的确很难，但是我会尊重跟你的这个约定。"戒烟是很痛苦的，但是我希望用这样的一个契约来向儿子展示一个以身作则的爸爸的样子。在豆子未来的人生中，如果遇到困难的事，他就会想起这段经历，也会想要做一个说话算数的人。

第四章

女儿需要一个什么样的父亲

2006 年，日本东宝映画拍了一部电影，叫《被嫌弃的松子的一生》。

松子是一个非常聪明且相当漂亮的女孩。从小到大，她成绩突出，获奖无数，都是为了得到爸爸的关注。松子是家中的长女，下面有一个弟弟和一个体弱多病的妹妹。爸爸心里只有生病的妹妹，从来没有给予松子想要的一点点关心。

有一次，松子意外地扮了一个鬼脸，爸爸严苛的脸上难得地露出了一次笑容。从此以后，明明非常漂亮的松子却常常扮鬼脸来逗爸爸开心。

大学毕业后，松子离家出走。第一个作家男友卧轨自杀后，松子就当上了男友的朋友的情妇，后来松子发现这个男人只是在利用她，一气之下自暴自弃就成了当地最有名的妓女。后来松子跟前来搭讪的男人同居、做生意，半年后，她发现这个男人不仅背叛了她，还把他们一起挣来的钱独吞了。在扭打中，松子不慎把男人杀死了。逃到东京后，松子结识了一个老实的理发师，并与其同居，但是这时候警察抓住了松子，并把她送进监狱。出狱后松子发现，老实的理发师已经另结新欢，还生了一个小孩，松子只能默默地离开。之后松子跟自己的学生重逢，但是这个男人已经加入黑道并且沦为赌徒，男人刑满释放后也离开了松子，但松子还梦想着能和这个男人白头到老。失望的松子放弃了自己，变成了一个肥胖肮脏的老太婆，最后因为教训路边的混混，反被他们打死了。

松子聪明、漂亮、乐观、积极，却一生坎坷。她讨好和取悦了无数的人，却没能被人善待，也没有活出她自己的人生。

松子童年时期就无法感知和获得爸爸的爱，无法拥有完整的人格和健康的家庭关系。松子在自己的人生中，一直被爱的缺失感影响，她投入一个又一个男人的怀抱，都是为了寻求"完整的爱"。

小时候爸爸给她一点点爱就让松子感到很满足，爸爸对她露出难得的笑容，爸爸和她单独吃蛋糕，这样的时刻让松子回味终身。也只有在这样的时刻，松子才能感受到自己存在的价值，于是幼年的她反复扮演鬼脸以取悦爸爸。

但是，这样的时刻太少了。松子一生也无法真正认识自己、接纳自己。

阿尼姆斯原型

阿尼姆斯是荣格提出的原型理论中的一种女性心中的男性意象，因而又可叫作男性潜倾。

荣格认为，每个女人都有一个阳性灵魂，叫阿尼姆斯（animus），每个男人则有一个阴性灵魂，叫阿尼玛（anima）。在拉丁文里，anima 是灵魂的意思。阿尼玛和阿尼姆斯是人类无意识里的东西，它不以具体形态呈现。换言之，它不是能被人想起来的画面形象、记忆片段，或者意识主张，但是，这些看不见的"原型"，恰恰是我们无意识里的"灵魂伴侣"的样子。当它被我们的大脑投射到爸爸、兄长、情人、伴侣的身上时，这个非物质形态的原型就能够在这些异性的身上"显形"。

阿尼姆斯（animus）是女人无意识中的男人性格与形象，可以让女人无意识地迷恋男人。阿尼姆斯可以是正面的，也可以是负面的。负面的阿尼姆斯对女人同样具有致命的吸引力。比如说，始乱终弃、不负责任的花心男人是负面的阿尼姆斯，例如《加勒比海盗》中的杰克船长就是这样的。而正面的阿尼姆斯是女性创造力与智慧的源泉。

根据荣格的理论，父亲正是女儿的第一个阿尼姆斯意象。父亲职能的实现与意象的建立，会影响女儿一生的亲密关系。爸爸给予女儿的，会影响她对其他男人的期望；同样，爸爸没有给予女儿的，也影响着她对其他男人的期望。

被嫌弃的松子的一生

我有一位女性来访者，她来接受咨询，是因为在好几段两性关系中，她都是被抛弃的那个人。

这位女性建立的两性关系模式是很特别的。首先，她通过表现自己的性感来吸引异性，然后，再通过在两性关系中，为对方服务来拉近与对方的距离。她想要吸引的男性都是年龄偏大、情感状况稳定的人，这也就导致她总是在有意无意间成为第三者。而且在两性关系中，她总是渴望从对方身上获得更多独占性的"爱"，甚至想要介入到对方的家庭中，但是最终的结果都是对方选择离她而去。

她不懂为什么她那么努力地讨好对方，换来的却是被抛弃的结果。陷入抑郁的她走进了咨询室。

这位女性从小缺乏父爱，她一直希望在男人身上找回一个爸爸。"找回爸爸"的意思是，她不仅希望在男人身上找到没有获得过的父爱，她也希望在男人身上表达自己未能对爸爸表达的爱。

小时候，她恨爸爸的同时，又觉得爸爸很可怜。

在她家里，妈妈处于强势的地位。她和爸爸都一直被妈妈控制。妈妈控制她、打骂她时，爸爸没有能力保护她、帮助她。但是爸爸会跟她这样解释：是因为妈妈，爸爸才无法和她亲近。

这就导致她心里总有一种想法：如果不是妈妈，爸爸肯定能和她亲近。所以，当她看到爸爸被妈妈欺负时，她心里非常同情爸爸，但是由于妈妈的存在，她一直无法表达出这种情感。长大以后，当她遇到被妻子或者女朋友"欺负"的男人，或者在婚姻关系中不开心的男人时，她总是很自然地被他们吸引，希望自己能够帮助他们，给他们快乐。

这种补偿性的情感，就是她想在男人身上表达一直没能向爸爸表达的那份同情和亲近。

这位来访者的经历就是"被嫌弃的松子"的真人版。一直努力取悦和讨好对方的女孩并没有得到自己想要的"完整"的爱。想要在另一个男性身上重获父爱的愿望也不可能实现。影片中松子说过一句话："小时候谁都觉得自己的人生会闪闪发光，长大之后才发现，没有一件事遂自己的心意。"

这就是种瓜得瓜，种豆得豆。一个错误的开始，无法通向一个正确的结果。无论是松子还是我的来访者，她们所做的选择，表面看起来都是不得已而为之，但它背后折射出来的，恰好就是幼年缺少关注和父爱的女性被无意识中的"阿尼姆斯"捉弄的必然结果。

女孩在家里的两种状态

女孩在家里可以有两种状态。一种是正常的状态，女孩认可自己的妈妈，愿意成为"像妈妈一样"的人。

我的小助理和她妈妈一起吃火锅，两人常常会不约而同地选同一种配菜。这时候妈妈就会说："长大以后，你就变成了我呀。"听到这句话，小助理是很高兴的。她的心里对"变成和妈妈一样的人"是高度认同的。同样，她会认同父母组建的家庭的模式，认同父母相处的方式。她会感觉到，爸爸对自己的爱，不会因为他爱妈妈而有所减少，自己不必和妈妈争夺爸爸的爱。这样的母女关系通常是比较和谐的，长大以后的女儿和妈妈之间更像是姐妹。

第二种状态就不那么健康了。女儿因为不认可妈妈，不想成为像她一样的人，或者妈妈不认同自己的丈夫，女儿无意识中就会想要替代妈妈，这时候她在家里扮演的就不仅仅是一个女孩的角色。此时如果爸爸对女儿表现得过于亲近，会让女儿觉得自己真的可以替代妈妈的角色，成为爸爸情感上的依赖。但是乱伦焦虑会限制这样的状态，于是女孩就有一部分人格无法健全，长大之后由于性驱力的不足，无法和异性建立起亲近的关系。

心理学课堂上有一个常常被提及的案例：一个青春期女性来了第一次月经，她知道她将开始成为像她妈妈这样的女性，但是她不想成为这样的人，然后她减少饭量，得了厌食症，甚至好长时间不来月经，失去女性的第二性征。这样做的心理动因是她不认同自己的妈妈，打从心底就不想认同跟妈妈一样的女性性别。

女孩成为女人，首先是从对妈妈的认同开始的。反之，在无意识里不愿成为妈妈的样子，那也就没有女人做她的"榜样"了。自我认同感不强，行为就会混乱，成为妈妈后的角色践行也会混乱而不完整。

另一种情况是，这个家庭重男轻女，女孩就会出现弗洛伊德所说的"阴茎羡妒"。她不认同自己的女性身份，内心希望自己是个男孩，于是在成长过程中，她就把自己变成一个"假小子"。这不仅仅体现在外形上留短发或者中性化的打扮，有很多热衷于跟男性竞争的"女强人"，其实都是在这样的环境下长大的。

爸爸给予女儿的：心理资本、家庭模式

美国密歇根大学进行过一项父亲教育对女儿的影响的调查，结果显示：63% 的女孩，因为在童年时得到过爸爸的关爱，长大后遇到挫折时的心理自愈能力更强；69% 的女孩，认为自己的自信心更多来自爸爸的赞扬和鼓励。有 65% 的女儿在成年后会按照爸爸的模式选择男友以及丈夫，所以，世界上许多妈妈发现自己的女婿和丈夫如出一辙。

如果一个家庭有明显的男权倾向，男人在家里"衣来伸手，饭来张口"，而不是和女人共担家庭责任的话，女儿往往会默认这种家庭模式的合理性。网上曾经有一个视频：爸爸到女儿家做客，女儿像个陀螺一样忙来忙去，女婿在一边瘫着，一点儿都没有帮忙的意思。这位爸爸心里默默地想到自

己的家也是这样，自己也从来不和妻子一起做家务。

女孩寻找另一半的过程，实际上也是在追寻理想中的爸爸。

我们常说女儿是爸爸上辈子的情人，这个比喻是形容女儿特别依恋爸爸、爸爸偏爱女儿的现象。一个好的爸爸，对女儿的"依恋"要给予恰当的回应，同时在回应孩子时要有边界感和分寸感，有忌讳，有回避。女孩在爸爸这里体验到"被爱"的感觉，收获"值得被爱"的心理资本，爸爸才能够帮助女孩将来成为一个有吸引力的女人。

女儿需要的爸爸应该是幽默而守规则的。

精神分析学认为，人类所有的行为都是防御，而最高级的防御就是"幽默"。幽默的本质是以积极乐观的心态去化解消极事物的能力。

一个能向女儿展现幽默的爸爸，能够给予女儿更多愉悦的生活体验。有的妈妈常常会跟女儿说："你要找一个老实的男人。"这些妈妈无意识里认为，老实的男人比较容易控制。但是我们知道，一段好的亲密关系绝对不是建立在控制与被控制的基础上的。所以这些妈妈无意识里并不认为女儿能找到一个更好的男人。或者说，这些妈妈对男性本身是失望的，她们不认为丈夫可以做得更好。

爸爸应该在规则的约束下，给予女儿"值得被爱"的体验。

当一位爸爸看到女儿成长起来时，他会慢慢在这段关系中投注更深的情感。陈道明主演的电影《唐山大地震》里有一个情节，他的养女在地震后落下一个头疼的毛病。晚上经常做噩梦。这是一种重大创伤后的应激状态。有一次女儿在做噩梦时大喊大叫，非常痛苦。养父听到了就跑到女儿的房间，帮她按摩头部。女儿已经十七八岁了。女儿的养母，也就是他的太太在一边看到这样的情形，非常愤怒。之所以怒而不言，是因为她感觉丈夫跟养女之间已经突破了父女之间的界限。这就是我们说的"规则"。

首先它不应该是突破伦理界限的完全亲近。但同时，它也不能是疏远的。

无论对男孩还是对女孩来说，一个好爸爸都应该拥有规则、力量、荣誉。

但是对女孩来说，一个强大而有荣誉感的爸爸具有特殊的意义。

我有一个来访者，她的爸爸是个脾气非常暴躁的混混。小时候她看到爸爸跟妈妈的相处，不是吵就是打。冲突的过程中，妈妈是非常痛苦的，但是那个年代，离婚是很困难的，妈妈无法跟爸爸分开，只能一直待在这样一段很糟糕的关系中。于是她的整个童年经历给了她一个印象：男人对她是有百害而无一利的。

小时候爸爸常常不在家。家里的事情都是妈妈在打理，妈妈很多时候会把对爸爸的怨气发泄到她身上。后来妈妈总算跟爸爸离婚了，又迅速给她找了另一个"爸爸"。新爸爸是一个相对懦弱的人。妈妈经常在家里"修理"这个爸爸。每次看到妈妈在家里吼爸爸，她都会有一种羞耻的感觉。她打从心眼里觉得这个爸爸也是没有价值的。

长大后，她想要找一个可以依赖的、跟爸爸完全相反的男人，但是痛苦的事发生了，她找了很多男人，但是在与他们相处的过程中，她总是觉得"不安全"。因为幼年和青少年时期的经历让她失去了对男性的信任，她不相信自己的伴侣可以是强大而有荣誉感的，是她可以信赖的对象。于是在每一段亲密关系中，她总是会"习惯性出轨"。她"强迫"自己同时跟两个以上的人建立亲密关系。

公主病的背后是心理资本的缺失

现在经常听到有人说某个女孩有公主病。这是一个刻板印象。简单来说，对大多数女孩来说，公主就是上天的宠儿，她是漂亮的，她生命中的内容大多是美好的，她可以是刁蛮的，但即使她有很多刁蛮的要求，身边的人也会满足她。

男性在选择伴侣的过程中，很多时候会考虑自己能给予对方什么，并以此来吸引女性的注意；女性在这个过程中，往往会思考自己能得到什么，并以此来检验男性的诚意。

女性慕强，强者的基因可以更好地延续，这本来是自然界的法则，但是到了有公主病的女孩这里，女孩寻找的不仅仅是被保护或者更好的供养，而且想要实现幼年没有被满足的亲近的愿望，以及检验双方在一段亲密关系中地位的高低。

女孩在家里的成长过程，就是一个学会跟爸爸建立关系的过程，而这个过程顺利与否，决定了女孩的亲密关系。没有被爸爸爱过的女孩一生都在找"爸爸"。

从发展心理学的角度看：0—24 岁的女性，越是被爸爸肯定、宠爱，长大后处理两性问题的能力越强，更有安全感和自信心。相反，如果爸爸对女儿疏远、忽视，会使女儿缺乏安全感，处理两性问题的能力就很弱。

爸爸对女儿的爱不仅影响着她的两性关系，也影响着女儿性格的形成，以及人际关系的基本模式。

一个真正的公主是不会觉得自己没有价值的。当她心怀喜悦地扑向爸爸，并且得到回应时，她不会觉得自己是在讨好别人。当这样的情形成为一种常态后，长大后的公主也不会在跟异性的交往中担心自己没有价值，不值得被喜欢，或者对方会拒绝自己"扑向他"。"被嫌弃的松子"因为意外地扮了一个鬼脸而引出爸爸的一个笑脸，从此以后，她总是以这样的方式去讨好爸爸。所以当这样的讨好变成习惯时，松子就弄不清自己真正的价值是什么了。对男人，她一边习惯性地讨好，一边心怀不确定，总是要他们保证不会离开她。

有一个来访者，她读小学时，爸爸跟妈妈离婚了，妈妈作为抚养者很快再婚了。她被妈妈带到了继父的妈妈家里，跟奶奶一起住。为了在奶奶的家里更好地生存下去，女孩总是小心翼翼地观察奶奶的需要，比如说，她看到奶奶要踩椅子去拿点儿什么，她会马上放下自己手边的一切事，跑过去帮忙，然后奶奶会摸摸她的头，说"好乖"。

在谈话中，女孩说："我也会想，假如她是我的亲奶奶，我不需要这样做，奶奶也会喜欢我吧。"女孩把自己做的事当成一种生存技巧，谄媚地提供着情绪价值，以此获得自己想要的东西。但是在这个过程中，她高兴不起来。她始终把自己放在受害者的位置上，时间一长，这就变成了一个失败的成长过程。长大以后，这个女孩在跟异性交往的过程中，也会用同样的心态和做法对待自己的亲密关系。

想象一位爸爸回家时，女儿高兴地跑过去，递上一杯茶。爸爸非常高兴地接过这杯茶。在这个过程中，没有谄媚的成分，没有要交换什么的诉求，这个情感自然流露的过程，轻而易举地完成了女儿对自我价值的认同。

微信大号"六神磊磊读金庸"在微博上发过一张图片"养女模范黄药师"。很多人不服气，六神磊磊就给他们耐心地解释：黄药师当爸爸，第一眼看上去是很不靠谱的，因为他长得帅，又太喜欢耍帅，他给人的感觉是完全沉浸在自己的世界里，闺女这边已经尿了，他可能还在玩音乐。黄药师教女儿，给人的印象也是"看心情"，乱开科目，督导还不严。但是从黄蓉后来的人生看，从轻轻松松就搞定了神算子瑛姑，到后来指挥襄阳大军抗敌，爸爸教她的本事，是实实在在教到了位。更重要的是她对郭靖的态度，她尽力跟他一起好好过。一个好女孩就应该是这样，每天乐呵呵、简单、不自卑，绝对不是"我给你做一顿饭，心里就计划着你要送我一套房"。

如果把两性的交往当成即时的交换，在这段关系中，女孩就把自己当成了一个工具，而工具是感觉不到幸福的。

情欲投射性认同下的讨好型人格

爸爸给予女儿的是一种心理资本和规则感，心理资本给予不足就可能导致情欲性投射认同。

一些女孩总是想用情欲去跟异性建立一段关系，这就是情欲投射性认同。在正常的男女关系中，性是关系的一部分；但是在情欲投射性认同里，女孩会认为性是主导一切的力量。

在日常生活中，我们经常看到这么一类女孩，她们很容易就能跟异性建立起亲密关系，但是无论她们看起来多么努力想要维护这段亲密关系，最终都会事与愿违。这类型的人无法跟一个人维持长久的亲密关系。

这样的来访者会苦恼于身边的人对她们的评价——"太随便了，不自爱，只要有人对她有兴趣，她就能跟对方发生关系"。但是从她自己的意愿来说，她的要求特别简单，她只是想要有一个人来爱她，想要感受被爱的感觉。情欲投射性认同是一种人际的动力。认同这种动力的人，她们会想要通过性的方式来建立和维持关系。投射者（她们）以"性"来诱导投射目标（对方）的情欲反应，并在此基础上建立关系。隐藏的性刺激成了关系构建中唯一的基础。

在正常的亲密关系中，"性"只是一部分。但是在情欲投射性认同的人这里，"性"对其他活动是具有排他性的，"性"使其他的一切都黯然失色。随着关系中其他事物的出现，这段关系就会恶化直至崩溃。

小时候，一个女孩子一直在向爸爸示好，希望得到关注与宠爱，然而爸爸置若罔闻，就像《被嫌弃的松子的一生》里松子的爸爸那样。女孩长大以后，只能把对爸爸的这种情感转移到其他异性身上。她"本身就值得被爱"的心理资本的缺失，导致女孩会去暗示对方："我能够满足你的需要。"虽然她这样做了，也建立了关系，但是女孩心里依然是混乱的，不明白对方的爱从何而来，也不知道自己要如何进一步满足对方，才能长久而持续地得到爱。

很多失足少女或者性工作者在描述自己时，都会说内心并没有对自己的强烈的认同感，找不到被爱的理由。情欲投射性认同者就会把人际关系定义为"回报"，简化成一种"交易"。在这个过程中，你会发现一件特别有意思的事，这些女性中的一部分人会去照顾一个比较弱的男人，这个男人往往就是女人对爸爸的某些幻想的投射对象。女性想要在这个男人身上得到幼年时没有体验到的那些感觉。

戏剧性人格永远都在扮演角色

有一个来访者说她小时候从来没有看见父母和谐相处过一天。父母好像是天生的冤家，只要见面，不是吵架，就是打架。一打架，妈妈就开始表演跳楼，爸爸听到妈妈说要跳楼，就用头撞墙，以自虐的方式表达自己的抗拒和不满。

很多时候，这个女孩看到家里开始上演"武戏"，她就忍不住瑟瑟发抖，这时候她就会躲到家里的一个角落，开始幻想，幻想她看过的卡通和童话，把自己代入进去，让自己成为一个小公主，幻想的剧情开始在她的心里上演。这时候，外面即使打得天翻地覆，她也听不到了。小女孩让自己进入一个想象的世界，她就用这样的方式来保护自己。这成为她的一种情感隔离的技能。直到家里平静了，她才会走出去，就当一切都没有发生过。但是她很清楚，"下一次，他们下一次还会是这个样子"。

因此，她跟父母之间变得非常客气。父母要她做什么，她就去做什么。爸爸跟她说什么，她就把这个秘密藏在心里；妈妈跟她说什么，她也把秘密藏在心里。她成了父母之间亲密关系的垃圾桶。自然，父母对这么"乖巧"而"懂得自己，向着自己"的女儿，都非常疼爱。她说："对这样的状态，我一度非常满足。有时候我看到他俩在一起，我心里就想笑，明明已经把对方说成那个样子了，为什么还能待在一起呢？"

后来女孩的父母终于离婚了。她的妈妈迅速找了各式各样的男朋友。她跟妈妈生活在一起，经常会遇到妈妈带来的各种"叔叔"。女孩对每一个叔叔都非常"客气"，笑脸相迎，乖巧听话。叔叔们都很喜欢她。女孩也有自己的秘密，她非常懂得在"恰当"的时候提要求，让叔叔们满足她。那些妈妈不会答应的要求，她确信叔叔们会答应她。同时，她用同样的态度对待爸爸。她会跟爸爸说："你在家时，我其实还挺幸福的。但是你不在家以后，我觉得真的很糟糕。"爸爸听完也会沉默和难过，于是女孩的爸爸会给她买很多东西，以"弥补"自己的缺失。

女孩就这样长大了。她找了一个有家室的人，还是她的领导。在单位，她是一个乖巧至极的好员工，与领导配合默契。领导在她身上获得了很多情绪价值。她跟这个男人在一起 10 多年都没有提出要结婚。其间，她曾跟另外一个人结了婚，而生了孩子就离婚了，然后继续跟这位领导在一起。

后来领导的太太知道了，就去找她。见面的过程中，她非常平静，客客气气地跟这位太太说："这样吧，咱俩协商解决吧，这个男人一三五陪你，二四六陪我，如何？"这位太太被她的冷静弄得有些歇斯底里，甚至出现了抑郁的情况。

女孩冷静时也会思考在这段"奇葩"的关系中，这个男人哪里吸引了她。她说："大概是他被太太虐待，我就看不过去；另一方面，他对我的关照，我觉得我必须以某种方式来回报。"

女孩把幼年对妈妈所扮演的妻子角色的不认同、对爸爸的同情，以及用在所有人身上的"乖巧"听话，用在了自己的亲密关系上。打心眼里对亲密关系的不信任，让她对亲密关系变得异常客观和冷静。

"表演型人格"，或者说"戏剧性人格"最大的特点就是，她所做的事都是为了配合"对手"的需要。比如她扮演一个乖巧的孩子，去完成父母对她的期待；或者做一个懂事的情人，去完成伴侣的期待。为了讨好所有的人，她不惜说谎，她也能很自然地演出各种情节，来让对方喜欢自己。戏剧性人格流连各种角色之间，她在意的是对方眼中的自己，而不是对方本身，也不是真实的自己。所以她无法跟人建立起一段真实的关系。她永远都只会按照别人的需要，来扮演角色。

第五章

爸爸会如何影响子女的人生

父母的亲密关系，是我们眼中两性关系最初的模板。无论我们对这种关系认同与否，最终都会产生另一种形式的"认同"。

一个总是当小三的女儿的故事

有一天，一位爸爸来找我，说他的女儿从 18 岁开始，找的男朋友都是有家室的人，而且年龄都比较大。

这位爸爸跟妻子的关系很不好，他们一直在闹离婚。

这位爸爸年轻时，在外面有很多"红颜知己"，因为他已经有了跟妻子离婚的打算，考虑到若要重新建立家庭，女儿也要接纳另一个人。于是有几次，他带着女儿去跟别的女人约会。在他的回忆中，其中有两位女朋友，对他的女儿非常好，女儿跟她们也相处得很好。

妻子不愿离婚，时间长了，她对父女两人都有仇视的倾向。这对女儿也是一个打击。

后来这位爸爸最终如愿以偿地离了婚，跟另一位女性重组了家庭。一切看起来都很好，但是他的女儿出现了问题。

　　女儿 18 岁时，找了一个有妇之夫，爸爸心里非常难受，也不赞同。不久，女儿就跟这个人分手了，又找了一个男朋友，还是一个年龄比她大很多而且有家室的男人。

　　爸爸心里不认同女儿的选择，但是从小到大，爸爸对女儿的要求都是有求必应，所以一直假装没看见。

　　这件事发展到顶峰是在女儿 25 岁时，她找到的一位有妇之夫跟妻子离了婚，并打算跟她结婚，但是就在这时，女儿却忽然说不想结婚，还要跟这个男人分手。爸爸对女儿找的这位"男朋友"本来也不满意，但是考虑到他已经离婚了，也愿意跟女儿结婚，心里打算认了这个女婿，但是女儿却突然反悔了。他跟女儿谈了一次话，女儿坦率地说："我自己都不知道为什么，突然就不想再跟这个人在一起了。"

　　这位爸爸说，在女儿成长的过程中，他从来没有缺席，更没有缺少对她的爱，为什么她会变成这样？这位爸爸想知道女儿到底发生了什么，所以他只能求助于心理咨询师。

　　在谈话中，我发现他女儿的心底对于找一个有妇之夫是充满矛盾的。她不是一个没有道德感的人，并没有刻意地想要去破坏别人的家庭。相反，正因为知道对方有家庭，每次男人跟她说自己跟妻子关系不好时，她总是建议男性应该更多地关心自己的家庭。对方如果说要跟太太离婚，她就会建议对方不要离婚，以至于当对方真的离了婚并说要娶她时，她却放弃了这段关系。

女孩在谈到妈妈时，说自己对妈妈"并没有太多的记忆和感觉了"，因为从小到大妈妈对她都非常严厉，同时在情感上很疏远。这种疏远不是妈妈不回家，或者不照顾她，而是她们之间的情感联结很薄弱。在谈到父母之间的关系时，女孩说了一句话："爸爸想要跟妈妈分开，我是非常理解的。看到我妈对待我爸的态度，我就知道他们不应该再在一起了。"

说到这里，发生了一件非常有意思的事。女孩无意间顺口说了一句："有时候我觉得我爸的那些阿姨还挺好的。"我问她怎么个好法。她想了想说，有一次，爸爸带她和阿姨出去玩，阿姨打扮得很漂亮，到了游乐场，她想买个兔子耳朵的道具，阿姨立刻就去给她买了，还给自己也买了一个，陪她一起戴着玩。在玩的时候出现了一点儿意外，她摔了一跤，阿姨顿时变得很紧张，还非要把她送到医院。在等医生的时候，阿姨一直抱着她。女孩说，"这样的感觉，真的非常好，我妈从来没有这样做过。"

我问女孩："如果给你选择的话，你的妈妈和那个阿姨，你希望成为她们中的哪一个？"

女孩想了一下说："我不想成为我妈的样子。那样的人太糟了，对自己，对我爸，对我，对我们的家都太糟了。我情愿成为阿姨。"

答案出来了。女孩在很多时候会以一个第三者的角色出现在别人的生活里，原因就在于她内心认同了一件事：她要成为漂亮阿姨的样子。阿姨给她的感觉很好，同时，她看到了阿姨跟爸爸之间比较亲密的感觉、那些"良性"的互动。这是女孩心目中一个美好的家庭、一段优质的亲密关系的样板。

但是认同阿姨的角色，就意味着她要以一个第三者的角色，出现在别人的生活里。所以当男人说想离婚时，无意识里想要维护这个第三者角色的女孩会劝男人不要离婚。遇到想要娶她的男人，她会想要逃离，因为如果真的跟一个人结婚，她就会成为一个妻子。在女孩心中，妻子这个角色的模板就是她的妈妈。对她来说，成为妈妈那样的人就太糟了。同时，如果对方因为她离婚了，她的心里对妈妈就产生了愧疚。女孩内心无法承受这两种情绪。

女孩在生活中一直扮演的角色就是她所认同的"漂亮阿姨"，同时她还认同一个乖巧而充满爱意的女孩这个角色，这是对亲生爸爸表达同情的女儿的角色。所以，在那些年龄偏大的有妇之夫面前，她所呈现的都是乖巧而充满爱意的样子。他们因妻子产生痛苦，她想要去安慰他们。在女孩的好几段第三者关系中间，她没有向对方索取任何东西，相反，她努力给予对方一些东西。

我们看到生活中有很多奇怪的三角关系，那些第三者并不贪慕金钱，也没有在男人身上得到名车豪宅或者权势地位，有时候甚至说不清她们到底图个什么。又或者有一些奇怪的情侣或者夫妻，以世俗的眼光来看，他们是如此不般配，却又偏偏凑成了一对。再或者，有些亲密关系让人感到痛苦不堪，当事人却不愿分手，即使分手了，也会再次找上同样的"渣男""渣女"。

大千世界看似不符合常理的亲密关系背后，都有它发生的合理的心理动因。

"渣男收割机"的意识悖论

有一个女性来访者，她一直在寻找一个性格温和的丈夫，一个绝对不会对她暴力相向的男人。但是她结了三次婚，最后都以家暴告终。她最后一任丈夫是一个十里八乡都认可的儒雅男人，不要说打人，他从小到大连跟同事、朋友吵架红脸的时候都很少。但是，这个男人最终也打了她。

这位女士在描述自己的感受时说，当男人终于打了她时，奇怪的是，她心里竟意外地松了一口气。因为有些事终于发生了，她竟然有了"这样就安心了"的感觉。随着咨询的深入，她坚定地表达了这样一个观点：男人都是暴力的。这个根本无法验证却又让她深信不疑的观点操纵着她的行为。

在她跟这些男人相处的过程中，她总是再三向他们确认："你不会打我的，对吗？""看你看我的样子，我觉得你就是要打我了，对吗？""我知道你要打我了！"

这种语言和行为变成了一种暗示，诱导对方用暴力来对待她，而当她真的被暴力对待的那一瞬间，她的无意识被证实了：男人果然就是暴力的。她对这个世界运行方式的理解是正确的。

这位女士小时候，她的爸爸常常打她的妈妈。懦弱的妈妈被打后，就想去自杀。这件事让她特别恐惧：一方面她希望自己找的男人不是这样的；另一方面，她想要重现当年的情景，以证明她能够改变结果，不会再让自己恐惧。

这就有一个意识层面的悖论，在显意识里，她在幼年被伤害了，所以很痛苦，希望找一个不打她的人；但是无意识层面的因果关系却是相反的：她只有找到那个会打她的人，才能在重现的情景中"修正"这个暴力的结果。

但是，过去是无法改变的。"重现"就会变成"重复"。在这个可怕的循环中，她重复去做相同的事，体验相同的关系和情绪，一再"重复"经历痛苦。

100年前，弗洛伊德通过观察一个5岁的孩子，发现一个有趣的现象：这个男孩反复把一个玩具丢到自己看不见的地方，又反复去找这个玩具。弗洛伊德把这个现象称为"强迫性重复"。

从生物学层面讲，人类是由低等动物进化而来的，大脑还保留着原始的区域，其中包括脑干、下丘脑和边缘系统等部位。

一个人幼年的创伤体验会储存在原始大脑区域，形成内隐记忆，并构成相对封闭的神经回路，不容易受到新脑即大脑皮层的影响。

英国精神分析大师博拉斯把内隐记忆称为"未被思考的已知"。新旧大脑的运行机制决定了我们平时无法思考这些内隐记忆，但是它又被我们发自内心地感知和认同。

内隐记忆是"强迫性重复"发生作用的关键。当这些记忆被我们感知时，这些无意识中的印象就开始驱使我们做出反应，而我们能够意识到的道理都会退让到一边，这些无意识的记忆和现实面临的情况会发生联系，并主导我们的行动。

无意识的印象发自内心，这些幼儿时期形成的神经通路一次又一次地命令成年的我们去做出选择，但正是因为它是内隐的、幼年形成的、无意识的，一方面，我们无法对此做出意识层面的思考；另一方面，它让我们有莫名的安全感，并对此"深信不疑"。所以，尽管有些时候，内隐记忆主导的行动一次又一次让我们体验到痛苦，我们却乐此不疲。

这就是在网上有很多人说"为什么我总是遇到渣男""为什么明白了很多道理，却依然过不好这一生"的心理学解释。

关于"强迫性重复"，在不同国家的心理治疗领域都曾出现过类似的案例。譬如，2014 年出版的 *Modern Psychoanalysis* 杂志中，霍尔姆斯（Holmes）博士讲述了他的一个咨询案例。

病人在亲密关系中一次又一次地选择了跟她的酒鬼施虐狂爸爸一样的人。用病人自己的话来说，在这方面她拥有惊人的直觉，"我走进一个两百人的婚宴，一眼就能认出谁是那个会施暴的人，因为他就是那个会吸引我的人"。那些被她描述为"性感又令人兴奋"的男人，他们最终都会变得像疯子一样，杀了她的猫，还把尸体扔在她房间门口的地毯上。

这样的"直觉"与"洞察力"恰恰是强迫性重复机制在起作用。内隐记忆让人在不知不觉中，特别容易被某一类人吸引，"不由自主"地跟他们发生关系。这些吸引我们的人身上，往往具有父母的一些心理特征。当这种人出现在我们身边时，我们的内隐记忆就开始工作，它告诉我们，通过跟他们互动，可以重现当年的情景，改变当时的结果，改变"我"在那个情景中的负面体验，从而疗愈自己的心理创伤。比如说，"假如父母当时没有争吵，小小的我就不会害怕"。

因为无意识里的这种"想法"，所以他们长大之后，想要重现当年的情景，总是先要去找到一个能够重现情景的人，于是他们往往就找到跟父母相似或者相反的人。然后在和这个人的亲密关系中，一边希望自己不要重复当年的体验，一边不断地去检验这个人是不是真的不会给自己带来那种体验。这种强迫性重复，正源于对父母那个家庭模板的深刻认识。

我国著名心理学家曾奇峰，把强迫性重复称为"谋杀时间"，意思是：以重复过去的生活方式，浪费着现在和未来的生活。

一个被"命运"吞噬的儿子的故事

有一个女性来访者，她的丈夫有一些躁郁症，就是躁狂症和抑郁症的结合体。而她本人因为丈夫的病，精神压力非常大。

来访者的丈夫和公公的关系非常恶劣。她的公公掌控欲极强，哪怕丈夫已经 36 岁了，他们还经常会因为一些小事发生激烈的冲突。在公公面前，她的丈夫就像一个正在被严厉训斥的孩子，情绪激动，不能自控。

为了减少这种事情的发生，年轻的夫妻移民了。移民后，只要丈夫的父母打电话过来，丈夫就会出现躁狂的状态，后来父母真的来看望他们时，这件事发展到了顶峰，丈夫最终被送进了医院精神科住院治疗。

那一天，公公婆婆来看他们。四个人一起出门，丈夫在开车，公公坐在副驾驶座。因为一条路的选择，他俩爆发了激烈的争执。最后丈夫情绪失控，一下子把车开得飞快，让车上所有人都感到非常惊恐。但就在这种时候，公公仍然在一刻不停地羞辱儿子，数落他的无能，并且还强调"我怎么会养出你这样的儿子"。狂奔了一段路后，丈夫一下子把车停在高速路中间，用脑袋拼命地撞方向盘。

后来，这位女士打了报警电话和急救电话。丈夫最终被送到医院精神科治疗。

女士站在治疗室看着丈夫，仍觉得惊魂未定。就在这时，婆婆在她身后冷冷地说了一句话，让她彻底崩溃了。婆婆对着儿子说："都说你不要像你爸，你看看，你现在跟你爸一模一样。"女士听到这句话，忽然觉得自己真的是处在一个"很变态"的家里。她突然非常害怕。

这位女士跟丈夫的关系极其微妙。一方面，丈夫对她特别依赖，她出门办点儿事，丈夫都会坐立不安；另一方面，在他们的相处中，丈夫又经常把她当成出气筒和使唤的对象，妻子的一切行动都必须以他的意志为主导。他需要一种极端的掌控感，妻子必须时时刻刻围着他转。有时候妻子开车，坐在旁边的丈夫就会不断指指点点，对她开车的方式、选择的路线，都是一边"指导"，一边责怪。

这位女士在回忆细节时说："有时候我都想把车直接开过去撞墙上算了。他一直啰唆和责怪，有时候他情绪激动，我甚至觉得他马上就要冲上来打我了。"

这个儿子一方面因为对爸爸的极端不认同，与爸爸的关系闹得很僵；另一方面，在行为上，尤其是在跟妻子的亲密关系中，他却又无意识地"认可"并复制了爸爸的模式。这个儿子在爸爸那里受到的挫败感，需要在自己的家里得到补偿。在父母拥有很多社会资源的家庭里，这个儿子没有任何可以自主的事情，甚至就连他的婚姻，也是父母包办的。

这位女性来访者对家里的三个人以及他们之间的关系充满了无力感：掌控欲极强又暴躁的公公，强调嫁鸡随鸡嫁狗随狗的婆婆，以及这个躁郁症的老公。

　　她跟丈夫也有"要好的时候"，那就是当他们结成同盟来对抗彼此的家庭时。只有在共同对抗彼此的原生家庭时，这对夫妻才是同病相怜的。这是他们亲密关系中最美好的时刻。可惜的是，他们在建立亲密关系时，又在不知不觉中复制了彼此原生家庭的模样。

　　这里就有一个特别有意思的细节。这位女性的妈妈总是告诉她，媳妇都是熬成婆的，忍忍就过去了。当她站在精神病房看着丈夫时，婆婆的话让她想起了妈妈的"训导"和她的家庭。那一瞬间，她觉得自己早就被一张名为"命运"的大网给网住了，从过去到现在，直到未来，她所做的一切努力，不过是在重复走一条早已注定的路，而她曾经以为自己已经离开了。

　　这对年轻的夫妻对各自的父母，以及父母的相处模式，都怀有不同程度的"恨意"，但在这种反感与排斥的背后，他们却又在无形中复制了原生家庭的样子。

　　有人把弗洛伊德的理论总结成一句话：人生的剧本早在童年就已经写好了，余生不过是强迫性重复。

现代的门当户对应该讲究什么

古时候的门当户对讲究的是社会资源和身份的对等。当下的时代，也许我们应当更多从精神健康与性格适配上来考虑门当户对。

一个人最初的亲密关系模板一旦形成，基本上处于不可逆转的状态。

新时代的父母考虑子女的幸福，有三条检验标准。

第一，在家里，父母的权利是否对等。只有在平等又和谐的关系中建立起来的婚姻，才会对下一代产出良好的家庭模板。

有一些男性，他们一方面觉得妈妈太强势，什么事都要管；另一方面，他们长大之后娶的妻子，还是个什么都要管的女人，然后他们就可以在跟妻子的斗争中，努力地试图"赢"妻子，让自己找回被补偿的尊重感。

有一些女性，她们不认可无法保护她们的懦弱爸爸，长大之后，她们还是不知不觉中找了一个身上带有她们熟悉的"懦弱"特征的男人，无意识中希望通过自己的努力，让这个男人成长为一个坚毅的人，从而带给自己从小期待的安全感。

第二，父母如果对彼此怀有恨意，恨意带来的情绪化，会让孩子感到恐惧。这会让孩子不相信爱可以长久而恒定。

有一些人，他们总是无法维持一段长久的亲密关系。他们和伴侣总是重复着一个循环：认识、亲密、冲突、破裂。

这些人的亲密关系模板告诉他们，幸福是有限度的，一旦这个人和伴侣的幸福感超过了这个限度（可能是时间长度，也可能是亲密程度），他们就会感到不安，觉得世界的发展偏离了他们的认知。就像那个总是被家暴的女性一样，没有被打，她反而感到不安。于是这个人就会开始"作"，挑起跟对方的矛盾，以此检验自己的认知，并最终导致关系的破裂。

在这个过程中，如果对方没有同样的强迫性重复的行为，当关系破裂后，他回忆起这些冲突时，往往都会有点儿"莫名其妙"的感觉，好像不知不觉就被对方汹涌的情感裹挟了，配合了对方的"作"，并最终"成全"了对方。

第三，两个家庭是否有相近的价值观。孩子们是不是在有安全感的家庭里长大。

强迫性重复在一切人际关系中都发挥着作用，一个人小时候形成的关系模式会被不断复制。

如果小时候的关系模式是信任，这个人就会不断复制信任，他不仅能赢得一般人的信任，还能赢得那些很难相处的人的信任。有个治愈性的日本动画片《水果篮子》，女主角跟一个心灵非常封闭的人说，"我妈跟我说，大多数人都能轻易怀疑别人，但是信任是需要能量才能做到的，你要做一个信任别人的孩子。我选择相信你。"对方感觉到了信任的"能量"，也选择对女主角讲实话。女主角"教"会了难相处的人信任别人。

相反，如果小时候跟周边的关系模式是敌意，这个人就会不断复制敌意，他不仅对那些和他有冲突的人充满敌意，对那些对他很好的人也充满敌意，最后这些人也真的从友善转向了充满敌意。这就是那些严重不信任别人的人往往更容易上当受骗的原因。

譬如，我的助理去健身，教练跟她说："你拉吊环不要害怕，如果你掉下来，我会接住你。"但是助理死活都不肯上去，因为她不相信教练能接住她。她的这个行为反映到教练的心里，当然也知道自己没有被信任。当你不相信一个人时，这个人往往也知道你不相信他。你"教"会了对方不信任。

■ 自我觉察训练一

1.用理智隔离情绪，控制行动，避免在不知不觉间传递"与攻击者认同"。

有一种心理防御机制，叫"与攻击者认同"，说的是我们从上一辈那里受到了不公正的对待，会在不知不觉间认同这种行为，并继续用这种方式来对待我们的下一代。很多受过伤害的人都会在无意识中伤害更弱小的对象。这一现象在家庭里更为明显。

现在很多人都知道"强迫性重复"，想要阻止却并不容易。但是好消息是，"强迫性重复"并没有严重到使每个家庭都会遇到家暴男。对大多数相对健康的人来说，他们需要做的只是增加自我觉察。用生物学的话来说，就是增加大脑皮层功能对原始大脑指挥行动的观察，努力建立起超越原始大脑的新的神经回路。

　　就像我在序章里说的，当各种各样的情绪涌上心头时，我们首先不是"行动"，而是更多地使用理智，去提醒自己在这个情景中的身份是一位爸爸，进而觉察到爸爸这个身份所要承担的责任，用理智去对抗情绪，控制自己的行动。

　　民国四大才女之一萧红在她的著名作品《呼兰河传》里写到一个细节，她的外祖母常常拿着一枚大头针站在窗外，等她伸出手时刺她一下。祖父对幼年萧红说："快快长大，长大就好了"。遗憾的是，童年不幸的人，长大后也不会好。

　　长大后的萧红对自己的孩子比外祖母对她更狠，第一个孩子出生后被送人，第二个孩子也下落不明。

　　小时候受到伤害的人，会认同强大了就不会受到伤害、强大了就可以伤害别人这个观念。于是在跟孩子相处时，他们复制了这样的关系模式。

　　当一位爸爸意识到自己父母的家庭关系并不是那么健康时，则尤其需要自我觉察的力量，来控制自己不要把"不幸"转移到子女身上。就像那个得了躁郁症的爸爸，他一辈子都在控制着儿子，即便是儿子移民到海外也没能避免重蹈覆辙。

2. 不要试图隐瞒破裂的夫妻关系

很多父母，尤其是爸爸，在跟妻子关系破裂时，总是试图在孩子面前粉饰太平，他们认为这样孩子就不会受到伤害。

从心理学上说，隐瞒所造成的伤害远远大于坦诚地告诉孩子父母之间出现了什么问题所造成的伤害。

父母之间的冲突打破了孩子在人际关系方面的安全感。

孩子是非常敏感的，家里有任何风吹草动，孩子都感知得到。父母越是不说，孩子在不知情的情况下，越是会将他无法理解的父母的不和谐的状态归因到自己身上。这一方面是因为孩子终究是孩子，他无法理解父母之间出现冲突的那些深层次原因；另一方面，他在心里会为这个矛盾过度承担责任。

孩子为什么会把冲突归因在自己身上？首先，家庭的冲突往往需要"由头"，父母的分歧有很大一部分就是孩子的教育问题。很多时候，父母的社会身份焦虑、自我价值焦虑是无法直接表达出来的，他们就会把矛头指向孩子的教育问题，因为这是一个全家都必须重视的问题，想要表达不满的一方，就可以把争吵和指责合理化。把那些由经济原因、性格原因引发的冲突，统统归因到孩子身上，孩子变成一个载体，为父母的冲突背了黑锅。

孩子会把冲突归因到自己身上，还有一个主观原因。孩子感到害怕时的第一反应就是钻到妈妈怀里。这时候怒气冲冲的妈妈正在跟丈夫起冲突，她回应不了这种情绪。这时候孩子会觉得："一个如此爱我的妈妈，怎么就忽略我了？一定是我不好，是我做错了什么。"

当孩子把冲突归因到自己身上时，他就会对父母心怀愧疚。很多电影都会出现这样的情节，孩子会哭着说："都是我不好！是我没有写好作业！是我考试差！爸爸妈妈，求求你们别吵了。"因为愧疚，他无意识地希望做出补偿。这个补偿会让他想要成为父母关系的协调者，帮助维护家庭的安全感。

孩子长大后，在自己的亲密关系中，也会继续扮演教练或者运动员的角色，亲密关系中双方更应该是一起奔跑的运动员，而不是告诉对方要怎么奔跑的教练。一旦跟伴侣发生冲突，他弄不清本应作为运动员的他和伴侣是两个独立的主体，就想要深度介入对方，去做点儿什么来"协调和维护"这段关系。但是亲密关系中的两个人是有边界的，在这个过程中他不是让对方作为一个主体去理解问题和冲突，而是直接"进入"对方的边界，告诉对方怎么做才是最好的。这显然是会失败的。

3. 每个人都可能曾经有创伤，正视创伤，允许悲伤

人都有自己脆弱的心结，但很多人倾向于否认自己的脆

弱，逃避痛苦。如果想要更自在地活着，就不要总是用坚强的外壳把自己塑造成一个看似完美的人，因为你需要持续消耗能量去维持这个完美的形象。

在成长过程中，每个人都可能会受到不同程度的创伤，父母的亲密关系模板都有可能有不同程度的缺陷。假如你确实感觉到了伤痛，要允许自己悲伤。同时，我们需要一种仪式来悼念过去的伤痛。给自己一些时间，用来悲伤和难过。然后用一个仪式来跟这段不幸的经历说"再见"。最终，悲伤也会随着时间的流逝而消退。

我有一个来访者，她总是在晚上重复地做着同一个梦。梦里的她，在一个滂沱大雨的晚上跑进了一间四面漏风的房子，她关了门，窗又开了，关了窗，门又开了。就在她忙活的过程中，突然就雨过天晴，房子外面是一个池塘，里面有很多肥硕的鲤鱼，她就跟大家一起开心地捞鱼。后来她捞到了最大的一条鱼，但是就在她称这条鱼时，旁边有人告诉她这条鱼是吃了药的，马上就会死掉。于是她立刻就从梦中惊醒了。

她和丈夫一直想要一个小孩，但是她一直怀不上。因此，她也承受了来自男方家庭的各种压力。在试过各种方法之后，她怀孕了，但是她当时不知道。在怀孕几周时，她吃了一些不该吃的药。后来医生只能建议她把小孩拿掉。之后，她陷入了深度的抑郁。她对未出生的孩子的内疚让她总是反复做梦、精神恍惚。

帮助她解开梦所折射的现实所产生的心结之后，我建议她给未出生的小孩取个名字，连同给他买的衣服一起，埋在一个地方。用一个仪式给那个生命以他应有的意义。

做完这些之后，这位女士获得了很大的解脱。又经过一段时间，她生了一个健康的孩子。这就是正视悲伤，用仪式感来终结悲伤的含义。

当然，很多人的创伤没有这么严重。我们总是说，要做一个真实的人。真实的人可以有不足，也可以有悲伤。当我们承认这一点时，心里的负担就会减少很多。当我们向孩子承认自己也有脆弱的时刻时，我们就能够从亲人那里获得谅解。脆弱不是软弱，承认脆弱恰恰是内心强大的表现。

美国休斯顿大学社会学教授布芮尼·布朗 (Brene Brown Ph.D) 是研究"脆弱"的先驱人物。她将脆弱定义为不确定性、风险和情绪表露。

布朗教授认为这三件事的逻辑是，生活中处处都充满不确定性，我们不确定我们可以做什么，不确定别人会不会拒绝我们……无处不在的不确定让我们感到焦虑，害怕对方发现我们真实的样子。我们向他人表露情绪、呈现脆弱的一面是有风险的。

布朗教授花了六年的时间对这个问题进行了定量和定性的研究，结果是：愿意表达脆弱的人往往有着强烈的自我价值感和归属感；而对自我价值心存疑虑的人更倾向于隐藏脆弱与悲伤。

然而，人们更喜欢真实的人，而脆弱恰恰是一个真实的人才会有的表现。呈现脆弱的过程，恰恰是一种自我表露，即把关于自己的信息，如经历、看法、情绪等，坦诚地告诉别人。

自我表露最早是由美国人本主义心理学家西尼·朱拉德提出的。自我表露可以拉近人与人之间的距离。对陌生人尚且如是，对家人、孩子来说，自我表露恰恰是信任的表现，也会进一步拉近彼此的情感距离。

{ 第二部分 }
※

爸爸去哪儿了

第六章

父亲意象与角色焦虑

《易经》早就提出了"象"的概念，《易经》有一套研究世界的方法论，统称为：象、数、理。

　　通俗地说，象就是事物表面呈现的样子。苹果掉到牛顿的脑袋上，就是象；牛顿看到这个象，发现了重力的存在，就是理；牛顿继续研究，推导出万有引力定律，知道苹果的重量和下落的速度之间的关系，就是数。

　　《易经》中的"象"，是世间万象的"象"。西方心理学的"象"也是这个意思。

　　荣格提出了"原型"和"原型的意象"。简单地说，二者就是物象和意象的区别。物象就是客观事物呈现出来的样子，意象则是人类渗透了思想感情后对客观事物产生的印象。

　　法国哲学家、社会学家列维·布留尔在《原始思维》一书中用集体表象来描述意象的概念。意象和某个集体相关，比如说某种文化或者某个民族对世间某种表象的集体意识。这种意识在这个集体中世代传承，在该集体每个成员的心中留下烙印，甚至影响其行为。根据这种意象在不同情境下发挥的作用，集体成员会对其产生敬仰、崇拜、恐惧等不同感情。

父亲意象一方面是一种具有时代性的集体意象，受社会生产力发展水平、社会经济文化等众多因素的影响。譬如，战争年代强调集体精神，在那样的时代中，父亲意象与和平年代相比，会显得更符号化、刻板化。同样，母亲意象也会出现跟父亲意象重叠的部分；另一方面，父亲意象也可以是一位父亲对家人的个人精神意象，这种意象可以在家族中传承，对家族成员产生深远的精神影响。

在过去的半个世纪，工业快速发展及城市化进程空前加快，社会急剧变化，导致个人的生活环境、思维方式等也随之发生巨大变化。

一方面，人们如果不快速奔跑，不坚持996（朝九晚九，周六不休），似乎就会被时代和同龄人抛弃；另一方面，社会"点赞"的大部分都是务实的概念，譬如择偶要求是高富帅、白富美，每一个条件都是实实在在的"象"，很少有真善美的"意"。

爸爸跟家庭之间的情感互动与爸爸能够给家人争取到的资源相比，就变成了尴尬的鸡肋。为了适应环境的变化，很多爸爸变得空前"忙碌"。

这种阶段性的病态的社会评判标准，使过去那种父爱如山、爸爸顶天立地又带有一丝柔情的集体精神意象变得十分淡薄。

整天被丧偶式育儿、诈尸式育儿吊打的爸爸们，集体意象变得"缺失""无用"。这样过于强大的"集体精神意象"，会妨碍一位父亲在家人心中"个人精神意象"的建立。

阶段性"父性缺失"问题日渐突出。社会各种"拼爹""坑爹"现象，正是人们心中矛盾的父亲意象的投射，体现出整个社会关于"父性"的迷茫、焦虑与不安。

甲骨文中的"父"字，是一个手持权杖的权威家长的样子，这一权威的父性意象贯穿着整个中华民族的文明发展史。看见父亲的存在，重塑民族的父亲意象，呼唤父性的回归，也将是新时代的必然。

父亲本人 VS 父亲意象

精神分析师常常会在分析过程中询问来访者心目中的爸爸是一个什么样的人。猛然听到"爸爸"这个词，竟很少有人能够回忆起跟爸爸的互动。还有一个有趣的现象，在男性的回忆中，他们要么把爸爸高大化、理想化，要么妖魔化，走向另一个极端；女性回忆起爸爸，更多说的是"他对我好"或者"不好"。

对男孩和女孩来说，爸爸的作用是不一样的。对女性来说，爸爸对我好不好，似乎才是她们关心的重点。

我的外公是一位建筑师。他常年在外工作。我的妈妈一年也见不到他几次，和他的互动几乎为零。我外婆身体不好，经常生病，舅舅姨妈们都是妈妈在帮忙照料。妈妈几乎是怀着一种"信仰"的感觉去做这件事的。

她跟我回忆过一个细节。这件事直到我自己当上了心理咨询师才理解其中的深意。

妈妈小时候，乡下是没有塑料凉鞋的。外出工作的外公，有一次给妈妈带回来一双塑料凉鞋。这双鞋在妈妈当时生活的地方完全就是个奢侈品。有了这双凉鞋，妈妈对外公的印象就成了："我爸是最喜欢我的。"所以，当外公叮嘱她帮外婆照顾舅舅姨妈时，妈妈就把它当成一个信仰去完成。

如果从更深层次分析，妈妈对外婆是不认可的，甚至可以说有一种愤怒的情绪在里面。于是她过早地取代了外婆在家里的角色。虽然外公跟妈妈之间没有太多的互动，但是在妈妈心里，外公的形象是高大伟岸的，是"最喜欢我的"，至于外公在工作中是什么样子，在人际关系中是什么样子，妈妈并不知道。

这就是"父亲意象"和"父亲本人"之间的区别。父亲在家族中的个人意象一旦建立起来，它会源源不断地输出，持续对孩子产生影响。

有一个30岁的女性来访者。她跟丈夫的关系非常糟糕，两个人在平日里争吵不断。客观地说，她的丈夫是一个不错的男人，天天回家，也很愿意照顾家庭，但是在她眼里就不是这么回事，她觉得丈夫"弱小"的状态只会激起她更大的怒火，继而把丈夫的所作所为，甚至所有的价值观，统统否定了。

从这位来访者的自述看，她对丈夫有一种莫名的恨意。爸爸往往是影响女人亲密关系的重要原因。事实上，当这位来访者听到"爸爸"两个字时，脸上的表情瞬间大变，从先前谈论丈夫的那种焦虑紧张，一下子变得扭曲，甚至有点儿狰狞。她直接打断了谈话，说："我们不要谈论那个男人了，那个男人在我的生命中没有任何意义。"

　　这个女性来访者有一个严厉的爸爸。小时候，她就不被允许出门玩，除了学习只能待在家里。后来她不知为何就喜欢上了兔子，在跟妈妈做了许多保证之后，妈妈勉强同意她在家里养一只兔子。这只兔子后来变成了她爸爸用来威胁她的一个工具。她考试考不好，或是做错了什么事，爸爸就扬言要把兔子扔掉或者送人，甚至还会跟她说，"你信不信我吃了那只兔子！"兔子是她唯一的伙伴，女孩非常害怕。

　　悲剧发生的那一天，她的爸爸不知道遇到了什么事，怒气冲冲地跑回家来，首先就问她考得怎么样。听到坏消息之后，她爸爸二话不说，转身从笼子里把兔子揪出来，直接从六楼的阳台上扔了下去。

　　来访者说："我当时不到 8 岁，极度的愤怒让我大脑一片空白，我直接冲到厨房拿了一把刀，跟妈妈说，我要杀了爸爸。"当她拿着刀跟爸爸对峙时，她感觉爸爸的眼神也可以杀人。

　　女儿的心事，爸爸并不知道。事情过后，爸爸并没有把这件事当回事，依然我行我素，虽然他有时候还会当着很多人的面夸奖女儿，但是女儿会在心里冷笑一声。"这种男人我根本看不起，他居然对一只兔子下手。"她说。兔子在女孩的心里就是必须被保护的自己。

长大以后的女孩，为了实现被保护的愿望，她找到了一个很像她爸爸的人，她希望在跟这个男人第二回合的较量中，改变他让自己嫌弃的"欺负家人"的样子，变成一个能保护她和家庭的人，但是在不良的父亲意象的笼罩下，她找到的人只会重复给予她相同的感受。她在丈夫身上看到爸爸当年的影子，而她却不能改变当年的意象，随着时间的推移，她只是重复了痛苦的体验。

心理陪伴和现实陪伴之间的分裂

网上有一张很出名的照片：重庆的一位爸爸，嘴里叼着一根烟，背上背着很重的货物，一只手还牵着个孩子。很多人在这张照片下面留言："父爱伟大，爸爸是那个为你撑起人生的人。"有的留言说："这张照片应该是想说，如果我抱你，就无法搬砖；如果我搬砖，就无法抱你。"

后者说出了广大爸爸的心声。作为家庭主要经济来源的爸爸，陪伴孩子的时间自然很少，然而，没有足够的陪伴时间，父亲这个角色的意象就建立不起来了吗？

从孩子的角度看，他们内心深处对爸爸的期待无法被满足是痛苦的，甚至会产生分裂的症状。爸爸在关爱与抚养孩子的同时，也可能给孩子造成心理创伤，尤其是那些根本不理解爸爸的功能与父性的意义、不能满足孩子内在期待的爸爸。

爸爸的心理陪伴和现实陪伴之间有时会出现分裂。

有一个来访者，她对爸爸的印象非常糟糕。她小时候，妈妈非常强势。爸爸经常去幼儿园接她，回家后还要做很多家务。她的很多日常生活都是爸爸帮她安排的，比如小时候推她出去玩，教她学走路，但她对爸爸的印象却是"厌恶"。她说，当妈妈要揍她时，爸爸却在旁边一声不吭，当她把目光投向爸爸的那一刻，爸爸竟然默默地把头转开了，事后也没有安慰她，只是告诉她要听妈妈的话。虽然揍她的是妈妈，但是令她最生气的却是爸爸。她对爸爸的印象从此就变成了"厌恶"和"恶心"，她不喜欢这个软弱的男人。

在她心中，男人应该是非常强大，可以保护她的。虽然爸爸一直在现实中陪伴她，但在她的心里，爸爸是无法保护她的。这种陪伴输出的父亲意象是"软弱"和"无能"，这种现实陪伴是没有意义的。

与之相反，一些戍边卫疆的解放军战士的子女，爸爸常年不在家，但是爸爸保家卫国的形象深入孩子的心中，孩子依然认可爸爸的英雄形象与正面积极的意象。

对父亲来说，陪伴的意义在于建立起正面的"父亲意象"。正面意象一旦建立起来，就能源源不断地输出价值。不能建立正面父亲意象的陪伴是没有意义的。陪伴的时间与意象建立有关系，但不是正相关。

随着个性成长，孩子内心的父亲意象也会产生相应的变化。孩子在对爸爸的理想化、矛盾化的不断认识中完成着对爸爸的认同、拒绝及再认同。

情感意象高于物质意象

《对冲基金风云录》里有一个情节，一个富有的私募基金经理在女儿10岁生日时许诺要给女儿一件礼物。

他问女儿，在这个年龄跨入两位数的大日子里想要一件什么礼物。女儿盯着他问："要什么都行吗？"对。"基金经理回答。"那你可别害怕，我的愿望和飞机有关。"他呆住了，心想：我都做了什么？可怜的富家小姐！她已经想要一架属于自己的飞机了。他磕磕巴巴地问："好吧，是什么愿望呢？""爸爸，"她说道，"我都快10岁了，可还从没坐过一次民航。除了我，学校里所有的女孩子都坐过。我最想要的就是让你带我去一次真正的机场，换登机牌、过安检、排队、安检，然后坐普通飞机去一个什么地方。爸爸，我连一次民航都没坐过，真是丢人。"

"有孩子的'刺猬'真是不容易。"作者嘲笑这个"富有"的爸爸常年跟身边的人比较财富，变得像一只敏感的"刺猬"。

财富丛林中的刺猬眼中只有金钱和阶层，爸爸想要维护自己的权威和完美的全能感，能想到的也是通过金钱来维护。这在心理学上被称为"证实偏差"。

证实偏差是指当人确立了某一个信念或观念时，在收集信息和分析信息的过程中，倾向于寻找能够支持这个信念的证据。

就好比有的女孩买了一个 LV（Louis Vuitton，路易·威登，全球著名的法国时尚品牌）包，或者她想买一个 LV 包，于是她总是在街上看到有人背着 LV 包。又比如有人特别想生孩子，或者特别不想生孩子，她们在街上总能看到孕妇。

遗憾的是，今天我们的社会对父性价值的认识也带有证实偏差。社会判断一个人的价值常常只能看到务实的物质层面，因为这些具象化的条件特别实在，而且容易区分。此消彼长的结果是，人与人之间情义的价值，家人之间的情感联结的价值，变得虚无缥缈。

比如说，媒体经常把"阶层"生活变得符号化。大到一栋房子、一辆汽车，小到一杯奶茶、一支口红。不是你想涂口红，或者你涂了口红就能变得更美，而是"假如你没有这支口红，你可能就找不到男朋友""假如你没有某某品牌的车，你还怎么去参加同学聚会"。

这种近乎思想暴力的行为，把很多生活中可有可无的东西，变成必不可少。假如爸爸作为一个家庭的经济供养者，没有把这些东西拿回家，他就会让家人在别的家庭面前失去优越感，而他对这个家庭的意义就变成"多余"和"没用"。家庭幸福感不再来源于家人之间的情感联结，而是物质的丰富程度，而关于丰富程度的标准，还是由生产商和大众媒体决定的。

这是一个时代发展的阶段性特点。后现代主义的社会学家和哲学家认为科学应该是价值中立的。我们对看得见摸得着的东西的信任大大增加了，对精神层面的东西的怀疑程度也就随之上升了。这在某种程度上不仅解构了宗教信仰，也解构了传统文明。

举个简单的例子，婚姻是看得见、摸得着的一段法律关系，爱情是一种精神状态。跟过去的大半个世纪相比，歌颂朴实、投入、深情、缠绵、轰轰烈烈的爱情的文艺作品明显减少，而在房地产交易中心上演的人间大戏却明显增多。一对年轻的情侣，在别人面前说起自己因为爱而爱一个人可能会感到羞耻，因为对方很可能会问："那么他哪儿好啊？上一个情人节，他送你什么东西了？他陪你去旅行了吗？你们结婚买房选哪个楼盘啊？"单纯地相信爱情，变成了"有点儿傻"。

家人之间也是一样的。对物质的依赖可能超越对彼此的依赖。小孩上学要买学区房、要参加补习班、要去夏令营。孩子的妈妈会强调，如果不这样，孩子就会输在起跑线，物竞天择，长大后就会被社会淘汰。

遗憾的是，这种价值观还是强调实用与物象。

在这样的社会环境下，父亲的伟岸、正直、勇敢之类的意象都被削弱了，而富有、高效这样的意象被放大了。稍微留意一下就会发现，这些意象的务实特征，恰恰都是"机器"的特征。所以，当代的爸爸们惊恐地发现，当他们的一部分作用被人工智能和购买服务取代之后，对家庭和孩子而言，父亲本人剩下的价值就很小了。

所以，不管是什么心理学流派，几乎所有的心理咨询师都倡导要建立人与人之间的联结，不要情感隔离，不要把自己符号化，更不要"物化"（或者工具化）身边的人。正如开篇所说，人与人之间的情感联结才是原型之上融入了情感的意象，才能对家人心理产生深远的影响，并被世代传承下去。

父亲意象脆弱的一面

古罗马时期，父亲这个角色是被法律界定的概念，它把父亲的身份、父亲需要履行的义务都用条文的形式固定了下来。这个时期，"父亲"角色对孩子的权威达到了极高的程度。孩子出生时，爸爸需要把孩子举起来。这一做法据说来源于希腊神话中的赫克托耳。爸爸作为养育者，必须抚养孩子，必须是孩子成长过程中的老师，传授法则，教导知识；在孩子面临问题时，爸爸充当仲裁者的角色。[1]

对照看来，今天很多爸爸无法完全承担起古罗马的爸爸职能。传道、授业、解惑，变成了专业的教师和教育机构的职能，爸爸不再是知识方面权威的代名词，一些父母更是忧伤地发现，他们甚至看不懂孩子的小学作业。在很多青少年看来，父母稍有不慎就会暴露自己阅历、知识、胆识上的不足。

同时，今天人们的活动范围随着互联网的发展而得到极大的拓展，从以往身边一公里变成了全球通。忙碌的爸爸往往无法继续扮演好教导者、仲裁者、重要仪式主导者等角色。

国际分析心理学会前主席鲁格·肇嘉认为，成熟的爸爸是兼有冲动与刚烈、理性与温和两种性格特质的复杂形象，但进入近代后，爸爸各方面的特权和能力优势不断受到削弱和打击——传统王权、教会权力、父权的解体或弱化，所有社会成员开始具有平等性。爸爸管教子女的特权开始失去法律保护。

工业革命的到来，挑战了爸爸对家庭结构的控制能力。妻子参与到社会劳动中，后者的工资收入有时候甚至高过丈夫。同时，从土地中走出来、离家更远的爸爸跟孩子之间也开始变得陌生。工业时代的孩子既看不到爸爸日常的工作和生活，

1 这段话出自姬庆红《父亲即教师——古罗马父亲在教育中的角色探析》。

也不再持有爸爸作为英雄榜样和一家之长的意象。爸爸是否在维持全家的经济来源，为家庭做了哪些贡献，孩子都是不清楚的，并且由于当代普遍的社会工作形态，例如加班、应酬、频繁地出差等，孩子在和爸爸有限的见面中，见识到的爸爸也往往是不光鲜的形象，例如疲惫不堪、不想离开沙发的爸爸，喝得酩酊大醉、深夜回家的爸爸，或者点头哈腰、给客户端茶倒水、迎来送往，在电话中"假话连篇"的爸爸。

在这样的社会环境中，父亲的集体意象被日益侵蚀，变得刻板、模糊，发展到今天，就变成了"缺失"，以至于当代男性对如何做好一个爸爸，如何履行古罗马赋予爸爸的那些功能，是根本不清楚的。今天的孩子所接受的从幼儿园、小学、中学到大学的学校教育，教师数量中占压倒性数量的是女性。心理学家鲁格·肇嘉在他的著作《父性》里提到"年轻男性处于这样的境地：他们在长大成人的路上，遇到的男性人物非常少"。缺失"父性"教导的孩子，将更难建立对规则的认同。

在孩子的成长过程中，需要爸爸的陪伴和妈妈的陪伴。这两种陪伴从形式和意义上来说，都是不一样的。

古人云："子不教，父之过。"这个"教"是教育、教导、教学、教练的意思。对父职而言，"身教"的意义大于"言传"。

妈妈陪伴的意义，更多就是陪伴本身。比如说，一个孩子在那里玩，妈妈就陪着，不要过多地干预，这个陪伴就是有效的。作为爸爸，不能只是看着孩子在玩，他必须参与到游戏之中，在游戏中和孩子交流互动，能够激活孩子与爸爸之间的关系。

妈妈的天性让她本能地倾向于把孩子留在身边，避免不安全的事情发生，以此给他们提供安全感。爸爸的天性让他更倾向于把孩子带出家门，在外界的环境中让孩子产生被保护的感觉，从而提供另一种形式的安全感。在这个过程中，爸爸还会"身教"孩子一些技能，让他们能够在挑战中"活"下来。

比如说，让孩子学习游泳这件事。对妈妈来说，不被淹死最简单的方法是，跟孩子说"不要去游泳"。对爸爸来说，我教你学游泳，只要学会游泳，就不会被淹死了。

湖南卫视的《爸爸去哪儿》，为什么是爸爸带着孩子出门？那不是考验爸爸养娃的能力，爸爸带着孩子到外界，考验的是爸爸教孩子克服困难、解决问题的能力。在节目中，李湘和导演王岳伦的女儿王诗龄，性格很娇气，还有点儿小小的狡黠，刚加入节目时，常常大哭大闹，爸爸不光是去安抚她，还教她接下来该怎么做。

所以，爸爸的陪伴不只是言传可以完成的，必须要"身教"。朱自清的散文《背影》里面描摹了一个爸爸给予孩子的深沉的爱意，这些爱意是通过爸爸的行为来展现的。而背影本身，就变成了朱自清心中的父亲意象。

被妈妈打破的父亲意象

广东的很多男人，有了孩子之后，仍常常喜欢跟同伴聚在一起，在外面"吹水"（聊天）。有研究潮汕文化的社会学家表示，这是因为当地女性对男性宽容度比较高，自我忍耐度也很高。男人们也会给自己的行为一个"合理的解释"，他们在外面活动是为了结交朋友，是应酬。

实际上有另外一个现象，该地区女性太过能干，男人待在家里无事可做，就被妈妈们"请"出了家庭。

如果父亲的角色要在家庭里存在，爸爸们必须发挥主观能动性，"挤进"孩子和妈妈之间。从家庭关系来看，如果妈妈跟孩子的关系过于亲密，爸爸就很难融入进去，爸爸在家里没有立足之地，会导致父亲角色的死亡。

有一个来访者，是个公务员。他被外派到隔壁的城市挂职。他给家里打电话，想要跟女儿视频或者讲话，都被妻子截胡。妻子会跟他说，孩子的功课还没做完，又或者她去上语言班了，她已经睡了……总之，她不让爸爸打扰孩子的生活。这个爸爸就连陪伴孩子的机会都被剥夺了。

在女儿的心里，他变成了一个不着家的坏爸爸。女儿常常站在妈妈的立场上，自发地谴责爸爸，甚至帮妈妈偷看爸爸的手机，看看是不是有"坏女人"把爸爸从他们家拉走了。

父女俩的误会很深。

在咨询过程中，他们终于澄清了当年的一个误会。这个爸爸说："我有一次想带你出去玩，你妈妈说你的作业还有很多没写，不能出去玩，但是我已经把出行的事情都安排好了，我决定无论如何也要带你出去。结果你妈妈突然就病了。我把你妈妈送到医院，才发现她根本就没有病，她只是不想让你出去玩。于是我们在医院大吵了一架。"女儿只知道爸爸不关心妈妈，妈妈病了，爸爸还在医院跟妈妈吵架，说要带自己出去玩也是说谎。父女关系陷入了僵局，女儿从此非常恨这个爸爸。

父亲意象大部分是被妈妈打破的，一破就是几十年。妈妈们都是怎么打破父亲意象的？她们会跟孩子说："妈妈好辛苦，还要一个人带着你。你爸爸什么都不管。你爸爸不要我们了……"各种各样的说法不一而足。小孩子不能分辨家里的经济主要由谁来提供，他们往往只能看到在自己身边忙碌的妈妈。当妈妈不断向孩子强调，妈妈如何委屈，爸爸如何不妥时，父亲意象就被妈妈打破了。

一位朋友分享过他的一段经历。他是一家跨国企业的高级管理人员。他和妻子办理了加拿大移民。妻子先行移居到了加拿大。为了让女儿能够学好中文再出国，他们把孩子留在中国让他来照顾。在此之前，女儿一直是妻子在管。

刚开始离开时，妻子非常不放心。她每次打电话来都要问女儿："跟着爸爸你吃苦了吧？"女儿说："没有啊，我跟我爸挺好的。他还带我去玩了，去吃好吃的了。"妈妈脸上有点儿挂不住了，就马上追问："你作业写得怎么样啊？老师怎么说啊？"女儿说："全班都当上少先队员了，就我没赶上，我爸就给我找了一条红领巾，老师就把我和其他少先队员安排在一块儿，现在我已经有很多新朋友了。"

听到这里，这位妈妈脸上彻底挂不住了。她想："我不在家，你们怎么可能过得顺利呢？你爸怎么可能有时间去学校管你加入少先队的事呢？"女儿说："我爸不仅去了学校，周末还带我和他的几个老同事一起吃了饭。他们都很喜欢我，还给我点了很多好吃的。"最后，实在找不到台阶下的妈妈随便找了个理由把丈夫数落了一顿。

这样的妈妈不少，她们自己不信任丈夫，也不愿让丈夫跟孩子更亲近。孩子跟妈妈的关系过于亲近，爸爸就插不进去。在家里，爸爸被妈妈边缘化了，一个家庭父职与母职的平衡就被打破了。

当代父亲的意象焦虑

与以往相比，当代的父亲意象变得更"脆弱"的一个原因是，爸爸的功能更容易被外界取代。尤其是当爸爸主动把意象建立在"物象"之上时，跟孩子之间缺乏情感联结，父亲的意象和功能与机器功能重合度过高，很容易就会被购买服务和人工智能取代。这也是给爸爸带来焦虑的社会原因。

与父亲意象相比，母亲意象是相对"坚挺"的，怀胎十月及婴儿期的哺育使母亲的意象更加深入人心。比如说，有些小动物会把第一眼看到的生物认作自己的妈妈，然后就跟那个"妈妈"走了。

在农耕社会，人们日出而作，日落而息。人们的活动范围不大，爸爸更多的时候是在家的。同时，家里很多事情需要爸爸来做。旧时家里的灯泡坏了，需要爸爸来换，爸爸还会给孩子做玩具，譬如一把木头手枪、一只风筝。跟过去三十年相比，爸爸面临的社会情况、爸爸的功能都发生了很大变化。当今社会，爸爸的功能很多可以被专业人员替代，比如玩具公司、快递公司、家政公司等。

广东珠三角地区有很多实体产业，例如做家具的、做贺卡的、做蜡烛的、做衣服的。这些家族企业现在很多都面临着无法"子承父业"的问题。一个来访者就说过，他的两个孩子都不愿接手他所经营的工厂。这位民营企业家赚到钱后就把孩子送到国外读书。完成学业后，大孩子想从事艺术类的相关工作，小孩子说想去 IT 行业试一下。

这位老板的工厂主要生产仿古家具。他年轻的时候是个木匠。他也问过孩子为什么不愿接替他。孩子回答说，这个行业似乎没有什么创造性。即使有，也跟他们的兴趣和能力不匹配。

过去我们说：“子承父业。”孩子从小就跟着家里人学手艺，长大以后就继承老一辈的作坊。现在时代不一样了，孩子成长的空间变大了，眼界变宽了。孩子可以去跟其他人学本事，甚至同样都是爸爸的本事，爸爸也可以请个人来教孩子，比如说，英语、数学。所以，单亲妈妈也好，隐形爸爸的家庭也好，在孩子的成长过程中，似乎只需要妈妈就可以了，有一个人主持家里的大局，有饭吃，有人陪，作业有家长签字就可以了。

父母还可以把孩子送到寄宿学校去。等他再长大一点儿，还可以送他到海外的寄宿学校，由专业的老师和人员来管理孩子的学业和成长。

对孩子来说，爸爸在不在似乎都无关紧要。诚然，在人类社会发展的过程中，爸爸的功能会有一些改变，但是父亲意象仍然需要依靠父亲功能和跟孩子的情感联结建立起来。

我的爸爸是一个木匠。每天晚上，家人睡后，他就开始给家里的桌子雕花，一雕就是两三个小时。爸爸在灯下做木工活的样子也成了我对父亲的重要意象，永远留在了我的心里。爸爸并没有教我做木工活，但我从这个意象里学到一个东西：做事要琢磨，要有耐心。

地产巨头潘石屹回忆自己的爸爸时，是这样说的：“爸爸没有教会我别的，他有一句话影响了我一生，他说，‘孩子，要出门了，记住两句话——没事别惹事，有事别怕事'。"

当代爸爸也有一些错误观念，他们认为自己的责任是挣钱养家，教育孩子是妻子的任务。孩子心理上需要爸爸，妈妈的功能有限，需要爸爸经常出现。孩子的想象功能没出现前，需要爸爸经常在身边。除了空间缺位，还有一种爸爸的缺位是心理上的缺位。爸爸也在家，在孩子的身边，但在执行父亲功能时是缺位的。

有时候会因为现实的冲突，出现非选择性的父亲缺位。比如工作、职业条件环境不允许。爸爸要尽量采取补偿的方式：可以时常给孩子打电话、问候；把代表爸爸关爱的小礼物放在孩子身边，等同于爸爸在，是父亲形象的替代。

爸爸也要警惕选择性缺位。如果爸爸在，却选择不在，不主动、不情愿、不积极履行父职，总是选择性缺位，这意味着他没有做好当爸爸的准备，充其量是稀里糊涂结婚，迷迷瞪瞪生娃。他必须自己请教、补习、成长，而不是一味地逃避。一位爸爸的功能是否发挥得好，对孩子的一生影响深远。

人类的父性可以失而复得，但并不一定是亲生爸爸提供的。换句话说，爸爸的缺失并不一定导致孩子父性的缺失。所以，当代的爸爸比以往任何时候都更加焦虑。以前他们可能只焦虑孩子是不是自己亲生的，现在很多爸爸又多了一个焦虑——自己在孩子心里是怎样的形象，自己这个爸爸究竟能不能被孩子认可。

第七章

拥有一个情绪化的爸爸，
是怎样的体验

2017 年播出了《爸爸去哪儿》第五季，陈小春作为一名爸爸，分分钟暴怒的模式让观众印象深刻。

在节目中，儿子 Jasper（陈胤捷）没跟上陈小春的脚步，陈小春马上就吼他："Hurry up!（快点儿！）"被凶了几次之后，Jasper 淡定地拿起一个喇叭对陈小春喊话："Can you stop angry now？（你现在能停止生气吗？）"就在大家以为陈小春要动手揍儿子时，暴怒的爸爸陷入了沉默，片刻之后平静地说："Ok, sorry.（行，对不起。）"观众们都松了一口气。

结果在第二天的节目中，陈小春看到 Jasper 穿衣服不够快，立刻又吼了儿子。Jasper 委屈地说："爸爸，你怎么又发脾气了？"陈小春再次陷入沉默，又给 Jasper 道了歉。

从这些行为中，我们可以感受到陈小春内心的矛盾，他也不想对儿子发脾气，但是他忍不住。情绪化的爸爸不在少数，对孩子来说，这绝对不是一个好的体验。

爸爸们分分钟暴怒背后的心理动因是什么呢？这大概要从爸爸的权威和爸爸对权威的焦虑说起。

爸爸的自恋损伤

我的儿子上初中时，有一天，他的好朋友跟他说，自己被爸爸揍了。上初中的男孩仍被爸爸揍的并不多，他跟好朋友复盘了一下为什么被爸爸揍，他认为"因为我爸是个骄傲的人，他太爱面子了"。

那一天，男孩的爸爸开车去接他放学。爸爸开着一辆桑塔纳2000，一款很老的车。那所中学的学生家境都很不错。男孩和同学走过时，同学问："这是你爸的车？"男孩说："是。"同学顺口说："你爸这车挺老了吧？"男孩没说什么，默默地看了一眼同学的妈妈开来的超跑。上车后，他把这事跟他爸说了。他爸当时就非常气愤地一转方向盘把车甩在路边，冲男孩吼道："你爸只有这个能力！你去找别人当你的爸爸吧。"他越说越激动，最后就把男孩给揍了。

这位爸爸觉得自己的能力遭到儿子的质疑，自己在儿子面前的权威变得摇摇欲坠。无意识的焦虑与现实的脆弱糅合在一起，恼羞成怒的爸爸就揍了儿子。

我们给爸爸的这个行为下了个定义，叫"爸爸的自恋损伤"。

"自恋"这个词来源于希腊神话，美少年那喀索斯（Narcissus）爱上了自己水中的倒影，但是他不知道那就是他本人。终于有一天，他赴水求欢溺水而亡，死后化为一株水仙花。后来，心理学家便把这种现象称为自恋症。自恋症的英文名称直译过来就是水仙花症。

但是，自恋并不一定是一种坏现象，它分为健康的自恋和不健康的自恋。不健康的自恋的人是浮夸的，他们的世界观建立在对自我的夸张想象之上。他们对世界会采取两种主要的防御方式——理想化自己和贬低他人。

健康的自恋则是一种滋养生命的能量。弗洛伊德认为，自恋是一种精神能量，其目的在于自我保护。人首先将爱的本能需要投向自己，在个体健康发展的基础上，才能把关注和精力投向他人。

这跟佛教中说的"自度度人，自觉觉他"有异曲同工之妙：尽力实现众生和乐，跟一心一意追求成佛是不矛盾的，都是要做到利他利己，利己利他。

只有他人，没有自己，反而不真实。

美国心理学家科胡特给"心理健康"定了一个标准：自信和热情。自信的基础就是健康的自恋。

爸爸的自恋损伤，是指滋养父亲角色生长的原动力受到了挫伤。

我们常常听到有人说"拼爹"，却很少听到有人说"拼妈"。在传统观念中，爸爸就应该给家庭创造一个比较好的环境，为家人提供尽可能优渥的生活资源。前面提到的男孩的话在爸爸耳朵里就代表着"你无能"。对爸爸能力的质疑，让爸爸想要维护的父亲意象遭到了严重挫伤。

有时候，在家庭生活中，孩子或者伴侣并没有把这句话说出来，但是在爸爸的心里，这种不被认可、已经受到质疑的焦虑却是长期存在的。

《爸爸去哪儿》中有一个细节很有意思，Jasper 跟村长说："我下次想参加《妈妈去哪儿》的节目，因为我最喜欢妈妈。"这一幕恰巧被陈小春看见了，他立刻上前追问 Jasper 跟村长说了什么。陈小春已经切实地听到了 Jasper 跟村长的对话，但对这种让人很不是滋味的对话，陈小春希望它不是真的。所以他想要跟 Jasper 确认的确已经发生的事，以验证自我意象。

所谓自我意象，简单地说，就是我自己觉得"我"是一个什么样的人。自我意象建立在我们的自我认知和自我评价的基础上。

如果一位爸爸的自我意象是"失败的爸爸"，他就会在自己内心的显示屏上不断看到诸如"我不如其他爸爸""我很糟""我不行""我对家庭和孩子没贡献"等负面信息。

这些信息反过来又会进一步强化爸爸在现实中的挫败感。

自我意象不好的爸爸，会倾向于假设家人对他的态度也是消极的：家人不爱他、不尊敬他、不接纳他。这位爸爸对家里的风吹草动也会更加敏感，因为他想要保护自己的感受。这也是一种自我防御机制。

当然，这些自我防御的结果又进一步导致家人对他的不良印象，而爸爸通过这些事情进一步验证了自己此前建立的不良意象，以及对家人态度的预设。于是，消极的预言果真变成了现实。

比如打了儿子的这位爸爸，他自卑的不良意象让他感觉自己是不够好的爸爸，儿子的一句话让他"敏锐"地感觉到了挫败，于是他打了儿子。儿子被打了，感觉肯定不好，于是他反过来跟其他人说："我就知道我爸打我是因为他觉得没面子。"这使爸爸产生了更深的挫败感——果然，你就是看不起爸爸。

内心有这种不良自我意象的人，容易形成"厌人症"。豆瓣网就有好几个庞大的"厌人症"组群。"厌人症患者"宣称自己对人过敏，厌恶跟人接触，不想跟人打交道。

厌人症的本质其实是厌己。因为跟人接触会激发自己那个"我不够好"的自我意象，会引发强烈的自我厌弃感。为了避免这种自我厌弃，他们主动选择不跟人接触，避免跟人打交道，其实他们是避免在别人的眼中发现糟糕的自己。

所以，很大一部分隐形爸爸主动把自己边缘化，就是不愿跟孩子亲近，因为他们害怕被孩子发现自己的能力不足，害怕被孩子嫌弃。

譬如一些爸爸，对孩子永远都是三句话："你应该……""你要……""你不……我就……"但是，这些要求往往又没有具体的规则，没有可执行的路径和可以衡量结果的标准。比如，你要变得更优秀。优秀的标准是什么呢？优秀到什么程度算是达标呢？如果认真追问，这位严苛的爸爸很可能答不上来。这类严苛的爸爸只能用这种虚张声势的方式来阻断自己和孩子的情感联结。

把自我意象符号化，把父亲意像变成一个不易打破的刻板化的意象。这恰恰是自我意象不良，害怕被家人，尤其是孩子"读到"内心屏幕上的消极自我评价而产生出的防御机制。

爸爸的委屈、焦虑和脆弱

父亲自恋损伤的背后，有三个心理动因。

第一就是爸爸的委屈。

父亲角色需要对家庭有贡献，贡献可能意味着牺牲，牺牲的背后就会有委屈。这种委屈跟妈妈的委屈不一样，它是隐秘的，没有可以宣泄的方式，也不能弃责任而去。

第二个导致自恋损伤的心理动因是父亲角色带来的焦虑。

从男孩到男人再到爸爸的过程中，角色职能是需要学习的。但是并没有学校教这门课。在传统社会，我们有"家训""家规"，有《孝经》那样的文献，用文字的方法、固定化的形式，把这门家庭课的内容固化下来，一代代传授下去。在新时代，高速变化的社会体系和缺乏代际传承的家族形式，让身边很少再有人谈到家教、家训、家规。因此，很多人对于如何做爸爸、如何做好爸爸，是心怀焦虑的。

这里有一个概念需要澄清，就是男人的焦虑和爸爸的焦虑是不一样的。一个男人向其他男人炫耀自己有一个多么好的伴侣，或者说炫耀自己事业如何成功，被比下去的男人会很焦虑，这是男人的焦虑。而如何做一个爸爸，如何才能得到孩子的认可，是爸爸的焦虑。

小时候，我的爸爸对我的教育是非常严苛的，为此我吃了很多苦头。当我做了爸爸后，我就有一种焦虑：是要成为爸爸的样子，还是要成为爸爸的反面？

成为爸爸是容易的，只要把爸爸对我们做过的事对孩子再做一次就好了，但我本能地反感这样做，而想要成为爸爸的反面，则比成为爸爸更难。因为我并没有见过一个好爸爸是什么样子，连一个依样画葫芦的模板都没有，那我应该怎样做一个好爸爸呢？

在焦虑的时候，爸爸会呈现两种状态：一种就是变得什么也不做，这就像很多完美主义者，他们最后会变成拖延症患者，既然一做就会错，那么不做就不会错。担心做错，索性就不做。犹太人有一句谚语："你千万不要生气，你生气之后，就会想去展现自己的能力，这时候你就会被别人发现你的能力不足。"因为爸爸们害怕让人看出自己"德不配位"，配不上父亲这个角色，于是他们干脆什么也不做。

另一种就是一边焦虑，一边做。焦虑就是对不确定性的不确定的态度。比如说我要考北大，无论考不考得上，我都要努力。下了这个决心的人是没那么容易焦虑的。因为考上北大这件事本身是不确定的，但是努力的态度是可以确定的。

情绪化的爸爸背后的第三个心理动因是爸爸的脆弱。

父亲这个角色是需要被认同的，正因为太渴望得到认同，所以尤其显得脆弱。

每个人的内心世界都是由两部分组成，一部分源于自我认知，另一部分源于与外界的联系。脆弱的人，或者一个脆弱的角色，自信心不足，自我认知不能满足心理需求，所以他们会特别渴望来自外界的认同。

从表现形式来看，一方面，爸爸会在孩子面前伪装自己，让自己显得更加有气场，把自己的形象塑造得无比强大，通过建立一层又一层的堡垒来保护内心的不安；另一方面，当问题出现时，爸爸又往往会选择把问题归结到自己头上，从自己身上找问题："是不是我有什么地方做得不好，让孩子看不起我？"

就像那个开桑塔纳 2000 的爸爸，他把儿子说的事归因于自己没本事。他开始担忧自己这个父亲角色是不是已经不被儿子认可了，所以他吼儿子的第一句话就是："你去另外找个爸爸吧！"又比如说，陈小春一定要 Jasper 说清楚他到底跟村长说了什么。

有些小孩被爸爸揍时，常常口不择言地说"你是坏爸爸""我要去找 ××× 当爸爸"。这些语言传递到爸爸那里，就变成了"你不够强""你不够好""我要去其他地方寻找爸爸"。正如第一章中所说的，父亲的角色跟妈妈的角色不同，它是可以被替代的，而这恰恰是爸爸脆弱的根源。

爸爸为什么总是控制不住发火

爸爸为什么总是控制不住发火？发火就是愤怒，爸爸愤怒的原因来源于恼羞成怒。所谓恼，是因为面对已发生的事情，他们心中产生了无力感、失控感，以及无法接受事实的哀伤的感觉；所谓羞，是自己感觉这事做得太糟糕了，他们有可能会被别人责怪，还有可能会因为这件事被别人嘲笑，再或者他们做了一件可能损害家人利益的事，心中产生了愧疚感。

举个典型的例子，有一些爸爸需要经常出差、加班、应酬，他们常常见不到孩子。爸爸在外面工作了很长时间后回到家里，见到小孩就像见到了宝，小孩子和大人都是特别高兴的。一般这个热乎劲儿持续不了两小时，爸爸可能就会问小孩："你成绩怎么样啊？在学校有没有听老师的话啊？"假如听到成绩不好，或者做了坏事这样的消息，爸爸顿时就变了脸，对小孩拳脚相加。这对小孩子来说，简直就像一次坐过山车的体验。

这时候，爸爸心中涌起的情绪就是恼羞成怒。因为他们对于没能陪伴孩子成长是心怀愧疚的。他们期待小孩一切顺利，可以成长为他们想要的样子。假如小孩没有实现这个期待，他们就会想："要是我能够陪在他身边，由我亲自辅导他写作业，他的成绩就不会像现在这么糟糕。"但是他们又做不到，或者说，过去没能做到，再或者将来都做不到。这时候，愧疚感涌上心头，就产生了我刚才说的那种"恼羞成怒"的情绪，在愤怒的驱使下，就打了小孩。

从关系心理学的角度来说，世界上最难处理的感受就是愧疚感。在那一瞬间，爸爸就是被这样的情绪淹没了：他觉得自己没有尽责，却又没有能力去尽这个责。这就是父亲角色的难处，而且这种难处还无法说出来，但是情绪需要宣泄，于是他就对小孩发火。

情绪化的爸爸在大发雷霆之后往往想的不是找原因，而是把发火这件事合理化，最好的理由当然就是孩子不听话、孩子不好，孩子做得很差，需要他来管教。

这是爸爸的认知模式出现了问题。这时候，小孩就变成了爸爸宣泄情绪的工具。在极端的情况下，有些爸爸还会把他们在其他地方的不顺心、工作中受的气，转嫁到孩子身上，比如说他们受了老板的气，受了客户的气，很郁闷。又或者说，每次想到自己挣钱不够多，无法给家人提供更好的生活环境，他们就会十分自责。这些情绪产生之后，他们会希望世界上有人能体谅他们。

假如这时候，这个爸爸回到家里，看到孩子把电视机的声音开得很大，他很可能就会去揍孩子。情绪化的爸爸把自己在其他地方受到压抑的情绪，转嫁到了小孩的身上。

所以很多时候，父母对孩子发火，很可能是孩子承受了父母的情绪，从而起到了帮助父母缓解压力的效果，而不是孩子做错了什么。愤怒这种情绪可以让人产生力量，而恼羞成怒的爸爸可以借由这种力量来捍卫自己权威、完美的形象，挽回被打破的那份无力感和失控感。

伦理文化下的父性权威

中国文化包括伦理文化。儒家提倡"三纲五常"，讲究"天地君亲师"的序列与绝对的服从关系。"孝"已经成为中国人集体无意识的一个重要组成部分。这种延续了3000年的文化氛围强调父母与子女之间的骨肉亲情。《孝经》有云："身体发肤，受之父母，不敢毁伤，孝之始也。"父母给予子女生命，子女是父母生命的延续，这是终生的恩义。

在中国神话里，哪吒作为"逆子"，在叛出家门、归位神道之前，首先是把肉身还给亲生父母，偿尽了父母的生养之恩，才能脱胎换骨，转世重生。

在天地君亲师的序列中，作为一家之主的爸爸，对家人有着绝对的权威。相应地，父亲的角色被要求是完美的，社会要求他们拥有保护家人的力量和提供生活资源的能力。力量越大，责任越大，所以当爸爸承担起家庭的责任时，他不应该有委屈的感觉，他也不应该有能力不足的感觉，他的抱怨是不被家人认可的。

妈妈的脆弱和爸爸的脆弱不一样。妈妈的情绪化在中国传统文化中很多时候是被允许的。比如说"一哭二闹三上吊"，从心理学上说，哭闹是强迫关注，上吊是威胁。长久以来，女性在家庭生活中达到目的的各种方式被默许了。家里如果遇到什么事，女人可能会催促男人："你想想办法啊！难道你不做点儿什么吗？"但是男人不能这样。同时，男人讲究"修身齐家治国平天下"，可以"先天下之忧而忧，后天下之乐而乐"，男人可以选择不齐家不治国，但是离家去国，则是受到公众质疑的行为。

对一位爸爸来说，不想承担责任，不想要这个权威的位置也是不行的。所以，很多爸爸面对现实压力，选择默默忍受。他们表现出来可能就是不愿搭理孩子或者妻子，总是沉默地待在家里的一角，甚至以不回家的方式表达自己无意识的这种情绪。

爸爸的权威受到子女的挑战

爸爸为什么总在维护自我的权威，却又不断被子女挑战呢？

心理动力学强调动机和心理障碍。弗洛伊德的理论就是从精神分析的角度来解释人类的心理障碍，从而厘清人类行为背后的心理动机。

在我参与编著的《操作化心理动力学诊断和治疗手册》，（2011年第2版）中，就详尽阐释了人类的7种核心冲突。俄狄浦斯期是每个孩子都要经历的时期。

在西方文化里，弑父是一个不断被重复并且意义深远的主题。在希腊神话中，第一代神王乌拉诺斯被儿子克洛诺斯推翻了，克洛诺斯由此非常害怕自己的孩子，每当有一个孩子出生，他就吃掉一个。他的妻子把宙斯藏了起来，最终他还是被宙斯推翻了。

古希腊诗人赫西俄德的《神谱》中创世神之间的战争，展现的就是父子之间的权力争夺。在西方各个国家不同时期的文学作品中，比如陀思妥耶夫斯基的《卡拉马佐夫兄弟》、罗伯-格里耶的《橡皮》，纪德的《伪币制造者》，弑父意识也是无处不在的。

与之相对，在我国的文化和历史中，弑君和弑父的意念都是难以想象的，例如唐玄宗李隆基跟他的儿子唐肃宗李亨之间的关系就非常紧张，前者严防死守不让儿子上位，后者在马嵬坡兵谏上位后，就把爸爸软禁起来，然而，弑父这样的情节终究没有上演。

西方文化起源于宗教，跟中国的伦理文化相比，上帝才是人类大家庭的爸爸，他是至高无上、完美、仁义、无所不能又无处不在的存在，而俗世的爸爸，只是一介凡人，他跟子女一样，带着与生俱来的"原罪"。在通往天国的路上，子女否定、放弃俗世的爸爸，前往追随天国的爸爸，这并没有任何违和之处。

事实上，变成比爸爸更强大的存在，挑战爸爸，替代爸爸，还具有一定的正当性。弑父之后，子女就拥有了爸爸的身份、权力和地位。孩子挑战的是爸爸身份背后的权威。在中国文化中，子女想要得到爸爸背后的这个权威地位，是要"等"的。等到爸爸给予，或者爸爸老了、去世了，才能继承。

这里就出现一个问题。俗世的爸爸必然无法成为上帝那样全能而完美的权威，所以，在俄狄浦斯冲突这种心理驱力的驱使下，当孩子出现了挑战权威的行为时，爸爸会本能地感到焦虑和恐慌。在古代，子女的这种行为是"大逆不道"，是要受到社会舆论谴责的。即使上了位，这个位置也很难坐稳。今天社会已经变了，但是 3000 年来根植于父亲心中的这种隐秘的焦虑与脆弱感仍然很强烈。

走下神坛，回归人性

爸爸从神坛上面走下来，变成我们常常"遇到"的人性化的爸爸，他们就会变得特别容易暴躁，这实际上帮助爸爸卸掉了身上沉重的盔甲，找到一个宣泄委屈、脆弱和焦虑的合理出口。

一位社会精英人士跟他的朋友们聊天，他的儿子有一次跟他说，他最大的心愿是跟爸爸一起坐一次飞机。精英说："我当时的心情就特别复杂。我自认为是一个负责任的爸爸。儿子已经9岁了。我每年坐那么多次飞机，却没有想到过要和他一起坐。"说起这件事时，精英就有一些激动，还有一点儿莫名的悲伤。他一直在不断地反省和自责。在这一刻，他呈现出了一个真实的父亲的形象。

《增广贤文》有云："慈不带兵，义不养财，情不立事，善不为官，仁不从政。"有些品德天然不能在同一个人身上存在。父亲的角色并没有苛求一个完美而无所不能的形象。

很多爸爸觉得自己作为爸爸"德不配位"。什么样的"德"才能配得上父亲这个角色？总结起来，一共包括五个方面：供养、护佑、规则、传道、胜利。通过这五个方面，父亲才能让自己的角色建立起来，在子女心中形成"父亲意象"。父亲意象一旦树立，就会源源不断地输出价值。

比如说，戍守边关的将士无法陪伴孩子，但他们"保家卫国"的英雄形象却可以通过各种文艺作品，以及伴侣的言传，深入孩子的心中。值得尊敬的父亲意象一旦建立起来，孩子就会自发地理解爸爸不能陪伴他的原因，爸爸的高大形象丝毫不会因此受损。

父亲这个角色从神坛上跌落是必然的。在文学作品中，我们常常看到一句话："爸爸真的老了。"形容的就是爸爸自然跌落神坛的状态。但是，爸爸也可能被妻子或者孩子"打下来"，比如说那个揍儿子的爸爸。在我们的传统文化里，爸爸不被允许回到一个平常男人的状态。我们对爸爸的期望过高，在赋予他权力的同时，这个角色也承担了与其能力不匹配的责任。当责任大于能力时，爸爸就不可避免地会跌落神坛。这种非自然跌落神坛的状态是爸爸变得情绪化的重要原因。

从神坛上跌落的爸爸，爬起来之后，想要重新爬上神坛。在爸爸奋斗的过程中，我们看到的往往就是爸爸忙碌的背影。当忙碌的爸爸时间和精力与现实发生冲突时，为了获取足够的资源，他们不得不在男性价值和父性价值之间做出选择，不得不减少与孩子互动的时间，用沉默或者情绪化将自己包裹起来。

根据弗洛伊德的理论，"弑父"本身就是男孩早年跟爸爸的一种互动，这种行为被称为"打破权威"。权威被打破之后，男孩不仅能成长为更有力的存在，他还会取代爸爸。这个过程无疑是爸爸焦虑的来源。虽然他们不知道这些心理学理论，但是无意识中，焦虑和脆弱的感觉依然会浮现。很多爸爸的情绪化，正是由于他们感到自己的权威受到了挑战。然而，这是一个必然的过程。

在 20 世纪七八十年代的电影里，常常有这样的画面，一个男人回家把一摞钱甩在桌上，跟老婆说："这是我挣的，你给自己和孩子买点儿东西。"然后太太去给男人下了一碗他最喜欢吃的面，倒上二两烧酒。男人脸上露出的表情，就是对成就的完美诠释。这个男人为了实现自我价值所付出的，在这碗面和烧酒里得到了回报。

与之相反，我们有时会看到一个在外面老实巴交的爸爸，回到家里却是一个暴君，家里每个人都要听他的。他正在追寻的可能就是家人对他的认可，因为有认可，才有权威。

总是试图追求绝对权威，这会使人产生焦虑，一旦陷入焦虑，就容易恼羞成怒。比如说本章开头所说的那个开桑塔纳 2000 的男人，他其实正在"恼羞成怒"地维护自己的父性权威。

第八章

严苛的爸爸：爸爸的创伤体验

严苛是一种心理防御机制，爸爸用严苛来掩饰自己的脆弱，掩盖自己没有长大的一部分人格。

一个严苛的爸爸表现出来的是"挑剔"。他没有真正成长到男人的状态，所以他需要用过度严厉来伪装得像个男人。这其实是在虚张声势。同时，严苛的爸爸希望孩子能够替自己完成未了的心愿。这时候，对严苛的爸爸来说，孩子只是其实现自我愿望的一个工具。

与严苛的爸爸对应的就是"虎妈"式的妈妈。这都是父母幼年的创伤体验在自己有了孩子之后，在孩子身上的体现。严苛的爸爸往往会养出严苛的儿子，强势的虎妈往往会养出强势的女儿。

拥有一个严苛的爸爸的体验

有一个来访者，大家叫他阿海。阿海来寻求心理帮助的原因是他晚上经常失眠，无法跟人亲近。他没有朋友，也没有融洽的同事关系，更没有女朋友，他时常感觉孤独。

当阿海发现自己的伙伴或者身边的同事，尤其是同性有好事发生，例如晋升时，他就会特别妒忌。这时，他会带着非常挑剔的目光去寻找对方身上比较糟糕的地方。这样的内心活动让他无法跟别人真诚交流，或者发展出一段比较良性的人际关系。

阿海上的是一个三本的大学，在咨询中，他甚至都不敢提自己母校的名字。

也曾经有女孩子向阿海表示好感和喜欢，但是就在女孩对他表白的那一刻，阿海描述自己的感觉是：那是一件非常浪费时间的事情。于是他就把这个感觉说出来了，直接就把女孩给气哭了。

阿海很少跟人交流和往来。他是一个健身达人，每天都花费大量时间健身跑步。同时，他每天还强迫自己看三个小时的书。阿海用运动和学习把自己工作以外的时间全都占满，基本不去参加同学、同事或同伴的娱乐和聚会。从大学毕业开始，这种苦行僧似的生活，阿海坚持了差不多六年。

这样的生活让阿海感觉很苦恼。他的苦恼在于非常孤独，以至于晚上经常失眠。失眠时，他就起来疯狂做运动。就像网上有个文案："我……我也不想这样一个人待着！可是我就只擅长这么一个人待着……"

在咨询中，我请阿海描述一下他的爸爸是个什么样的人，顿时他全身肌肉都绷紧了，脸上的表情一下子变得很狰狞。他说："那个懦夫，我根本不想提他的事。"

阿海的爸爸是一个企业的中层管理人员。无论从工作还是家庭生活来看，他都是一个不错的人，只是在家里比较沉默寡言，但在阿海的描述中，这个男人简直成了他的噩梦。用他自己的话来说，爸爸就是笼罩着他整个人生的一朵乌云，遮挡了他生活的全部亮光。

在阿海的印象中，爸爸几乎没有认同或肯定过他做的任何事。"我甚至很怀疑自己是不是他亲生的。"从小到大，爸爸对阿海来来去去就三句话"你要怎么样""你应该怎么样""你不怎么样，我就怎么样"。小时候，阿海非常怕爸爸，爸爸走过来要牵他的手，他都会退缩。上学以后，爸爸对他的要求大多集中在考试的名次上面，如果他考不好，爸爸就不给他饭吃，让他面壁思过，让他跪小板凳，甚至好几次还把他赶出家门，威胁说要扔掉他。

爸爸对阿海的暴力是精神上的，他不会说别人家的孩子如何如何，他的目标很直接，就是你阿海一定要成为人上人。而这个人上人并没有一个具体的标准。天长地久，阿海就养成了强迫自己学习的习惯，强迫自己每天花三小时看书。

阿海说："小时候，爸爸回到家，要是看到我在学习，他就一声不吭，但只要我没有在学习，他的脸马上阴沉得能挤出墨汁。他的眼睛像鹰一样盯着我，盯得我浑身发抖。"阿海常常想，如果没有爸爸，他的人生也许就是一片光明。爸爸把他的整个人生都包裹住了，致使他在这个包裹里面出不来。

阿海一直有一个愿望，就是"总有一天，我要让这个男人在我面前屈服"。等到青春期时，他开始喜欢健身，想让自己变得强大，这种强大不是为了更好的生存，阿海只是想把"那个男人"对待他的原封不动地都还给爸爸。

但是非常遗憾，阿海的身高一直没有超过他的爸爸，这件事让他感到异常沮丧。

一个严苛的爸爸对待子女的方式，总结起来就是：挑剔、指责、不耐烦。这种挑剔是一种没有"规则"的挑剔。就像阿海的爸爸，他没有具体说出想要阿海做到的事，也没有教给阿海做成这件事的方法，只是给予阿海一个非常抽象的目标——成为人上人。

严苛的爸爸对子女没有亲近感。在严苛的爸爸面前，子女很难感受到什么叫赞美、温暖或者感动。这样的态度让子女觉得"我自己什么都不是，我很糟糕"。

阿海回忆了一件事，小时候，有一次他不小心掉进河里了，当时他还不会游泳，幸亏有人经过把他捞了起来并送回了家。爸爸看到他之后，大冬天就让他穿着衣服，在室外站了两个小时。而妈妈在一边，竟然连一句话都没有。他的心情，用他自己的话来说，"当时想死的心都有了"。

阿海来咨询时已经30岁了。他没有谈过恋爱，也没有朋友。每天机械地活着。内心波涛汹涌，脸上的表情却非常僵硬。他永远都保持着一个表情，从他的脸上，从来看不到任何情绪波动。

在他的成长过程中，任何情绪波动都有可能激发爸爸的"严苛"。

我问阿海："如果你有一个孩子的话，你会如何对待他？"

阿海回答说："如果我有一个孩子，我一定会让他变得很强大，我一定会告诉他，这个世界并没有那么友好，你需要像我一样努力，努力去掌控自己的人生。"

你瞧！一个严苛的爸爸把儿子养成了另一个严苛的爸爸。事实上，"严苛"这种特质是会传承的。

爸爸没有教会他任何实质性的规则和道德规训，但是给他带来一种压力、一种隐忍、一种对外部世界时刻充满敌意的防备状态。

在咨询过程中，我跟阿海说："你坐在那里很拘谨，还有些戒备，好像我是一个凶狠的敌人，是什么让你觉得要如此严阵以待？是我长得像你爸爸吗？"阿海有些茫然，他说："我只是习惯了有一个严格的爸爸在旁边，时时刻刻规范我的行为，约束我的言语。"阿海的生命力一直被压抑着，就像一座随时会爆发的火山。当他讲到一些事情时，眼神流露出来的那股狠劲儿，让作为心理咨询师的我也有一点儿紧张，我不知道阿海什么时候会一拍椅子就离开了，甚至冲上来攻击我。

在那一刻，阿海就像那个严苛的爸爸，而我就变成了那个害怕的孩子。

美国精神病学家、著名的发展心理学家和精神分析学家爱利克·埃里克森是这样描述这种现象的：没有一个人愿意成为"坏孩子"，父母没有给予孩子足够的鼓励让他建立自信，孩子就会认为自己是没用的、会被人指责的，一生都会处在抑郁之中，他甚至还会转而去攻击其他"比他弱小"的生物，比如说虐待动物。

没有建立起负面情绪处理机制的孩子，会认为攻击别人是有力量的表现，是愉快的，可以借此获得掌控感。为了避免被别人攻击后产生绝望而无助的感觉，自己让自己成为攻击者才行。所以，"与攻击者认同"使"严苛"的特质一代代传递下去。我常说："被暴力对待的孩子长大以后，往往也会以暴力对待别人。"他用攻击者对待他的方式去对待别人。

在阿海的回忆中，每当感觉自己被爸爸精神虐待时，他就会幻想，有一天他要超越爸爸，要变成那个阴沉对待自己的爸爸。这样的无意识促使他想让自己变得更强大。有几次在跟同事之间产生冲突时，他勃然大怒，同事们都被他吓到了。他内心里涌起一种强烈的暴力感。他无法跟别人建立关系，因为他身上充满了攻击性。

当一个严苛的爸爸在孩子很小的时候用暴力对待他们时，孩子长大后，对这种暴力除了反抗，同时也是认同的。

严苛的创伤体验会被儿子"继承"

看体育比赛时，常出现这样的情景：某支队伍夺冠后，队员会一起把教练高高举起，抛向空中。当教练下落时，队员们会伸手把他接住，然后再把他向上抛，这样反复多次，来庆祝胜利。爸爸和孩子之间，也会出现这样的行为。这个简单的仪式就是告诉所有的人，这个孩子是我认可的。这是爸爸赋予孩子身份的一个仪式。这样的行为在心理学上叫作"震颤时刻"，就是爸爸给予孩子一种安全的体验。

当孩子被抛得很高时，他会特别惊恐，但是当他看到爸爸在下面有力地支撑着他的时候，他又重新回到安全的感觉中。在这个安全——惊恐——安全的过程中，就完成了力量感的传递。这被称为"爸爸的安全感"。

妈妈给孩子的安全感是把孩子留在身边。爸爸给孩子的安全感是让孩子接受挑战，让他们在危险的环境中，感觉到被保护。

严苛的爸爸并不认可孩子，他们仅仅只是把孩子当成一个工具，他们无法带给孩子安全感，孩子也无法从爸爸那里获得身份的认同感。严苛意味着挑剔，只要孩子有不符合期望的地方，爸爸就会勃然大怒，或者伴随惩戒，在这种情形下，爸爸就无法传递安全的力量感。

除了与攻击者认同和缺乏来自爸爸的安全感，严苛的爸爸的存在还会让孩子无法获得自我身份的认同。

严苛的人看不到孩子身上的优点。他永远都只会看到那些不符合他期待的缺点。严苛的爸爸总是盯着没有发生的（坏事），过去没有发生以后也许也不会发生的事。他担心的是不符合自己期待的事情的发生，而孩子长期处于这样不被认同的环境下，自然也就无法获得自我身份的认同。

严苛的爸爸往往会强调自己对子女的绝对权威。权威型爸爸的身上是很难呈现人类的爱恨情仇这些情感因素的。一个权威型的爸爸，跟孩子缺乏情感的交流。孩子无法从爸爸的脸上，无法从爸爸的行为中，判断和识别自己跟爸爸的情感联结。久而久之，孩子也慢慢丧失了与身边的人建立情感联结的能力。他们会控制自己的表情，压抑自己的情感，不表达内心的感受，也不接受别人对自己表达内心的感受。就像阿海对待那个向他表白的女孩子一样，他内心无法接受这样的联结，最后找出的理由是："这太浪费时间，你真的很无聊。"

被严苛的爸爸养大的孩子永远只会从理智上要求自己的孩子变成一个什么样的人，而缺乏与对方感情的交流。他们只能晓之以理，无法动之以情。

人类的关系虽然有千万种形式，但是维系关系的方式有两种：语言和情感。

严苛的爸爸在孩子面前没有表情，没有更多的语言交流，也没有情感互动。爸爸主动把自己变成一个符号，跟孩子形成一种情感隔离。

人与人之间是需要通过语言和情感来互动的。比如，有人看到我笑，他就觉得很开心，因为他能够从我的笑容里领会到，他对我很重要。又或者，你指责我的那一刻，我意识到我们的关系出了问题，我可能伤害了你，你才对我不满。这是一个你来我往的沟通过程。

从心理学的角度来说，情感隔离的严苛的爸爸本身就是对孩子的一种攻击。

2006年诺贝尔经济学奖获得者、著名经济学家埃德蒙·菲尔普斯（Edmund S. Phelps）提出："我们应该提倡心花怒放的精神。"

清华大学彭凯平教授提倡生活中应该多点儿"迪香式微笑"。所谓迪香式微笑，就是人脸部的嘴角肌、颧骨肌和眼角肌三块肌肉共同配合所展现的真实的笑脸。美国加州伯克利大学教授哈克·L（Harker. L）和科特纳·D（Keltner. D）曾在美国著名的女子学院密尔斯学院做过一个实验。他们对该校1960年的毕业照进行分析，发现在那一年，有114个女生毕业，其中有50多个女生始终保持迪香式微笑上镜，有60多个女孩不笑或者假笑。

研究者发现，30年后，当年习惯以迪香式微笑上镜的女同学，27 岁之前结婚的比例要高一些，婚姻生活要快乐一些，跟丈夫的关系也更融洽一些，离婚的比例更低，自我评估的幸福指数更高。

有人这么形容严苛的爸爸："爸爸之前一直缺席孩子整个童年，当孩子懂事之后，严苛的爸爸会以补偿性的姿态介入孩子的教育中，他们对孩子的教育方式往往是知耻而后勇，通过不断鞭策孩子，来让孩子实现自己的愿望。"

严苛的爸爸想要控制孩子，维持一种集权的状态。当孩子有自主意识时，他就想要控制孩子，因为这时候孩子能听懂他说的话了。在此之前，这个严苛的爸爸是"缺席"的。在跟孩子相处时，爸爸只有给出父性价值，才会真正感到高兴或者愉悦，而孩子也只能从这种反馈中知道自己的价值。

当阿海说，假如他有一个孩子，就一定要怎么对待他时，其实他内心深处对爸爸是非常认同的。他一边恨着爸爸，一边却在行为上忠诚于他。他总是小心翼翼地观察着周围的世界，同时只住在自己的世界里，他跟周围的世界是隔离的。被严苛对待之后，他的内心深处总觉得自己十分糟糕，认为别人无法接纳如此糟糕的他。

比如，他去跑步，去看书，假如有人叫他一起去玩，他就不知道应该怎么办。我问阿海："那个向你表白的女孩子，她说她喜欢你，你当时是什么感觉？"阿海说："我很害羞，我想我的脸一定是红了。我不知道该如何回应这个表白，于是我马上贬损她、训斥她。所以那个女孩最后哭着离开了。"

女儿对严苛的爸爸的体验

来访者小A是一个26岁的女孩子，她不太认同自己的性别。

第一眼看到她，我就感觉她"很帅气"，包括她的衣着和行为举止。她自己也说，跟其他女孩在一起，她会觉得自己就像她们的男朋友。她就是女生里的大姐大，如果有人欺负她的女伴，她就会替她们出头。

但小A不是同性恋者，这就是她痛苦到需要心理咨询的原因。

当小A的胸部开始发育时，小A非常苦恼，她会用束胸带把自己捆绑起来。她不希望别人看出她的女性身材和女性特征。这让她感觉特别羞耻，但是更难受的事还在后面。

有一天，一位学长从小A眼前走过。她第一次对男性产生了强烈的好奇，好奇中甚至带有一丝性冲动。小A为这件事焦虑了好几个月。原先她跟学长还能像哥们儿一样打招呼，但是现在她做不到了，她一想到学长就觉得很害羞，她开始主动回避他。晚上躺到床上，她想到的也是这些事，有时候做梦都会梦到。这让她非常苦恼。

我跟小A说："你想谈恋爱了，你想跟一个男人建立亲密关系了。"她马上就否认说："这不可能，我对男性没有什么好感的。"我就继续"启发"她："你要不想象一下，现在你的学长走过来了，牵着你的手，你是什么感觉？"瞬间，小 A 的脸上涌起一种女生才会有的羞涩表情。她的理智是骗了她的，但是身体的感受不会骗人。

小 A 之所以会变成这样，跟她的爸爸有关。她的爸爸是一名军官，他一直希望有一个儿子，然后把儿子培养成跟自己一样的军人。但是很遗憾，他只有小 A 这么一个女儿。

小 A 6 岁时，爸爸就带她去靶场，让她试着拆枪。如果她做得不好，爸爸还会揍她。10 岁时，爸爸就开始带她去武装越野。爸爸一直不许她留长发，给她讲的也都是类似花木兰那样的故事。有一次，妈妈帮她扎了两条辫子，还给她戴了两个蝴蝶结发夹。爸爸回家看到，二话没说就把发夹给剪了。

爸爸希望她去当兵，这个愿望最终没有实现。爸爸就转而开始逼她学习，考名牌大学，硕博连读。爸爸灌输给她的观念就是：她要比男孩子更强。因此，她无法跟男生建立亲密关系。她不能认同自己和男性不一样，总是在有意无意间变成男性的竞争者。

与此同时，压抑乃至无意识地对爸爸产生怨恨，被小 A 投射到其他男性身上。因此，只要她看到男生欺负她的小姐妹，她就会挺身而出。而那位学长之所以引起她的兴趣，是因为在她看来学长非常强壮，身材高大，篮球打得很好，是个运动高手，同时还是个学霸。

在学长的身上，小 A 看到了军官爸爸的影子，她对学长的好感瞬间被激发起来。她被我引导想象跟学长牵手时，脸上浮现的那种羞涩而不知所措的表情，就像一个十六七岁的小女孩。她默默地说："我好想涂一支口红，然后去学长那里问一下，你觉得我这样好看吗？"但是她不敢，也不会这么做。因为严苛的军官爸爸给女儿的心里立下了一条铁律，或者说爸爸给她制造了一种屏障，一些事情是绝对不被允许的。

严苛的爸爸压制了女儿的性驱力

爸爸是女孩最早接触到的异性，女孩成长到五六岁时，会对爸爸产生依赖，想跟爸爸更亲近。如果一个爸爸能够合理地接纳女儿的亲近，女孩慢慢就会觉得这样的亲近和爱意是被允许的，是可以享受的。然后她看到父母关系和谐，相亲相爱，随着年龄的增长，她自然就会把这份情感转移到另一位男性身上。

小时候的那种被接纳、被爱的感觉，会让长大后的女孩更自信，安全感也更高。她们的无意识让她们相信自己是被欣赏和被爱的，也值得被欣赏和被爱。

父女的情感在伦理上有不被允许的部分，但爱意是可以传递的。父女的情感联结会影响女儿的伴侣选择和亲密关系。

弗洛伊德认为，人类的生命有两大原动力：攻击驱力和性驱力。我们一生所有的行为都是在这两大驱力的驱使下进行的。对爸爸的复杂情感，或者对妈妈角色的不认可，都会导致女孩在成长的过程中压制自己性驱力的发展。

我们内在都有一个无意识的能量场，这些心理能量都具有自己的活力值。

幼年性驱力的发展会对成年后的生命动力和生命方向产生深刻的影响，譬如幼年的恋父、恋母情结。如果没有顺利度过这个阶段，孩子就无法进入人格的下一个发展阶段，就会出现固着。

固着的意思就是，在某个发展阶段，孩子某种愿望被满足太少或者被压制得太多，会导致其心理发展停滞在这个阶段。长大以后他有了自主决定权，他就会过度使用这个阶段的权利来满足自己小时候未被满足的欲望。

现在我们常常听到一些女性很"作"，归结起来就是"一哭二闹三上吊"，强迫男友或者丈夫时刻关注自己的存在，以威胁的方式获得亲密关系中的权位高位。

从精神分析的角度来看，女性"作"的三大动机都跟早年爸爸的行为相关。

女性"作"的三大动机分别是：强制引起对方关注；无意识里想要满足幼年时期想亲近爸爸而不能的愿望；在关系权位中要处于高位，时刻需要检验自己和伴侣的序列。

很多女性在亲密关系中不断地"作"，其实是想引起男方的关注，以此来检验双方的关系是否安全。在亲密关系中，她们始终都想处于序列的高位，不能接受平等的关系。这就好比一个小女孩在那里任性地哭，爸爸就会过去抱抱她，哄哄她，满足她一些任性的要求，如果这些任性的要求没有得到满足，小女孩就会把这些愿望拿到成人的亲密关系中来实现，其表现形式就是"作"。

如何做好一个太子

知乎有个问题，叫"如何做好一个太子"。

太子的爸爸是皇帝，皇帝通常都是严苛的爸爸。秦始皇的准太子扶苏就以自杀身亡为这个高贵的身份定下了高危的基调。

太子首先必须得到父皇的认可。这种认可不会是一个特别具体的目标，因为太子总是可以更优秀，但父皇不会明说哪一天让你继承皇位。父皇一定是严苛而不近人情的。对太子来说，父皇更像一个符号化的人设，而太子本人则被这个符号笼罩，如果他拥有"独立人格"或是喜怒形于色，都是非常危险的。

秦始皇、汉武帝、隋文帝、唐太宗、唐高宗、唐玄宗、元世祖、明太祖、康熙帝，这一份杰出皇帝的名单中，他们的太子都有共同的特征：被废或非正常死亡。为什么这些皇帝与太子的关系如此恶劣？原因可能有两个：第一，明君之所以成为明君，是因为他们自己也是在一个严苛的环境中成长起来的，也有各种深度的创伤体验，形成了与之相对应的性格特征；第二，明君对继承人的期望值相对更高，也就是更严苛；与此同时，他们又非常担心储君不服从自己定下的规则。

在这样的父君压制之下，太子通常只有两条出路：一条是竭力穿透笼罩在自己头上的乌云，奔向光明——发愤图强，变成爸爸的翻版；另一条是索性明哲保身，自暴自弃，遛鸟逗狗，用自己的失败来证明爸爸的失败。

用自己的失败来证明爸爸的失败，这是一个非常有趣的现象。它跟当下很多小孩的"拖延症"有异曲同工之妙。很多妈妈抱怨孩子干什么都拖延，拖延其实是一种反抗，心理学上称之为"被动攻击"。

被动攻击的表现是消极忍让，他们不直接说出自己的不满，但是他们无意识里希望对方的愿望落空，所以他们一拖再拖，用行为来妨碍对方达成心愿。

第九章

父亲的角色力

所谓角色力是指一个人在对自己的角色功能认知清晰、情感认同的前提下，去践行角色的权利和履行义务时所必需的能力。

父职是在家庭关系中实现的。父亲的角色力是一种面向自己的能力，也是为了完成父职，成为自己理想中的爸爸所必需的能力，而能力是可以培养的。

导演李安在一次访谈中说过："你做了人家的丈夫和爸爸，不代表你就会自然而然地得到他们的尊敬，你每天还是要通过努力赢得他们的尊敬。这个，也是一个让我不懈怠的理由。"

当代的爸爸有六个不可或缺的角色力：

1. 把孩子从妈妈身边拉开的能力——担当力；

2. 给孩子超越自己的机会，和被超越后的承受力——示弱的能力；

3. 给女孩生活的模板，给男孩解决问题的方案——榜样力；

4.阻止创伤延续，给予孩子选择命运的机会——自我觉察力；

5.重建爸爸形象的能力——耐挫力；

6.展示真实自己的能力——自我接纳力。

父亲角色力一：担当力

爸爸有一个很重要的作用，就是在孩子小的时候介入他和妈妈的关系中间，慢慢地把孩子从妈妈身边拉开。

孩子从妈妈身边离开，这是成长的第一步，接着从父母的身边离开家庭，这是成长的第二步，然后从一个小的群体走进一个更大的世界，这是成长的第三步。孩子先是从一个封闭的环境到一个舒适区，再从这个舒适区去到一个有挑战性的区域，不断挑战自己的舒适区，最终走向广阔的外部世界，成为一个独立的个体。

要把孩子从妈妈身边拉开，首先爸爸要被自己的妻子认可，借由妻子的帮助，获得孩子的认可。如果爸爸不能完成这一步，孩子跟妈妈之间的纠缠过深，就会一生处在"一元关系"或者"二元关系"中，无法跟世界其他客体建立健康的"三元关系"。

在拉开孩子的过程中，父亲必须得到孩子的尊重。孩子把爸爸当成一个强大、伟岸的存在，这样对孩子是有吸引力的，爸爸只有吸引孩子的注意力，才能让孩子走向他。

《狮子王》里面，辛巴一早起来就惦记着爸爸说的，要带它去巡视整个太阳王国。这时候的爸爸对辛巴来说是一个强大而伟岸的国王，而巡视外面的世界是一件极具吸引力的事情。这时候的木法沙对辛巴来说就是一个神奇的存在。毕竟对小辛巴来说，当时爸爸可以做到的事，比如说捕杀猎物、咆哮敌人，都是它望尘莫及的。它会感觉跟爸爸在一起是有趣且安全的，也愿意跟着爸爸（离开妈妈）去更远的地方看一看。

　　这时候，爸爸就完成了把孩子从妈妈身边带到"爸爸的安全感"区域的过程。在这个过程中，爸爸需要的是一种担当的能力。毕竟把孩子拉开，意味着投入，而不是拉开之后就放手不管，那样的话，孩子非但没有获得安全的体验，反而会陷入更深的不安。

　　当爸爸完成了这一目标之后，随着年龄的增长，孩子会学到更多东西，了解更多的事情。这时候，孩子会有自主意识，也会想要检验、"挑战"爸爸的权威，比如说，跟爸爸说："你知道吗？书上说……，我们老师说……"而不是问"这是为什么，那是为什么"，而且随着孩子能力的提升，爸爸需要"自然而然"地走下神坛。

父亲角色力二：示弱的能力

　　爸爸要给孩子一个超越爸爸的机会，学会接受被孩子超越。

我的儿子上小学高年级时，对爸爸的挑战欲望就越来越强烈了。这个阶段的孩子会开始用自己知道的事情来"考"家长，来表达自己的成长。他们会说："你知道吗？"这是他用了解的知识来检验家长权威的一种方式。此时的孩子对爸爸那种绝对听从的意识也会发生变化。比如说，小时候，孩子会跟身边的人夸耀"我爸爸是全国最好的心理咨询师"，等他上五年级，有同学问起同样的话题时，他的回答是"我爸爸是一个小有名气的心理咨询师。"

作为一个男孩子，他本能地想要超越爸爸的意愿开始变得强烈。这时候，爸爸需要给孩子提供这样一个超越的机会。

我和儿子一起下棋，我赢他三局，也会让他赢两局。这种有意识的"示弱"，让自己的父亲角色"自然"地走下了神坛。实际上，随着儿子继续长大，我最终也会输给他。一些运动项目也是一样，甚至身高都可能会被超越。这时候，有的爸爸难免会有一些失落。在孩子有超越爸爸的意愿时自然地成全他，在他真的有能力超越时欣慰地接受事实，这对一个爸爸来说是非常重要的。从孩子小时候"主动"向孩子示弱，到真实的超越，孩子在这个过程中学到的是"外面的世界有序竞争"的规则感。

孩子在不断进步，爸爸不能否认、回避他的成长，更不能以粗暴的方式贬低他的成长。爸爸的行为会让孩子体会到一种规则感。孩子的能力得到父亲的认可，孩子就自信了。当孩子长大后，他在自己的家庭里也不容易出现因感到自己能力不足而退行的现象。

网上有一段视频，一位爸爸在女儿每次回家时都会去火车站的出口处等她。有一次女儿出来时没有被她爸爸发现，她就看到她的爸爸叉着腰，一动不动地目视前方，就像一个雕塑一样，然后她慢慢地从旁边绕过去叫爸爸的那一刻，爸爸就像一个很可爱的小老头。

我有一个朋友，她的爸爸原来是一个公安局局长。我问她："你老爸从局长退下来会不会不适应，你会怎么看他？"她说："我爸真是一个不让人省心的人。他以前开警车开惯了，现在开自己的车一下子就违章了，不知道该怎么办，还打电话来跟我诉苦。"我这个朋友说，小时候她觉得爸爸无所不能，当违章后不知所措的爸爸打电话给她时，她的心里就浮现出一个可爱的小老头。

她跟我说："从小到大，当我遇到困难时，我就会去请教爸爸。他总是会有很多解决方案。现在也许他不能帮我解决什么实际的问题了，但是我遇到问题，还是会去找他商量。大概爸爸在我心里就是这样一个安全又强大的存在吧。"

一个家族的兴盛在于"江山代有才人出"。每一代都有杰出的青年后辈。

反之，就像鲁迅先生笔下的九斤老太，口头禅就是"一代不如一代"，对八斤、七斤、六斤怀有强烈的不满情绪，看不惯新生事物。

假设一个家族真的一代不如一代，当然也不是什么好事。从这个意义上讲，爸爸应该期待孩子比自己更加出色。

父亲角色力三：榜样力

根据荣格的理论，爸爸是女儿的第一个阿尼姆斯意象。爸爸组建家庭的模式，会成为女儿将来选择亲密关系的模板。与此同时，爸爸给予男孩的则更多是解决问题的能力。

爸爸的爱和妈妈的爱是不一样的，父亲与母亲的角色功能也是无法互相替代的。同样都是"陪伴"，爸爸是带孩子出去玩，而妈妈是陪孩子玩。从孩子的角度来说，妈妈在陪伴过程中是通过情感和语言传递爱的，而爸爸传递爱的方式是通过参与和投入。

有一天，我在小区院子里遇到一个妈妈教儿子学脚踏车。这个孩子已经8岁多了，还不会骑车。妈妈就用一根棍子绑在脚踏车后面，她扶着这个棍子，对男孩说，你勇敢地往前骑就是了，我会拉着你。虽然男孩并没有摔倒，但也一直学不会骑车。

我在旁边看了一会儿，跟邻居说："你能不能让我来试着教一下，我保证他五分钟就能学会。"

我跟男孩说："我帮你扶着，你往前骑就是了。你不会摔倒，我扶着你呢。"然后男孩开始往前骑，其实从一开始我就已经没有扶着他了，但是还是假装拉着他，还陪在他身边跑了一小阵子。一趟下来，男孩其实已经可以自己骑车了。

其实早在跟着妈妈学时，他已经学会了这个技能，不过妈妈一直担心不安全，她会用语言来提示，会一直用手扶着。然而，技能是需要体会的，需要勇敢尝试。这就是爸爸传授技能的方法。

父亲角色力四：自我觉察力

在很多家庭里，爸爸也可能有自己的创伤。要想阻止自己身上的创伤传递到孩子身上，这需要爸爸具有自我觉察的力量。

比如一个严苛的爸爸，一个强悍的虎妈，都有可能是他们自己的成长经历造成的，而他们身上的这种特质都可能会传递给下一代。爸爸的这种严苛其实是父性功能的一部分被压抑了，他们没有成长到完全的男人的状态。为了掩盖这样的事实，爸爸们选择装腔作势，不跟孩子们亲近，用规则来管束他们。

这是爸爸自己的问题。想要打破这个怪圈，爸爸首先需要有自我觉察能力，知道是哪里出了问题，然后才是在面对孩子时，选择要成为一个什么样的爸爸。

我就有一个非常严苛的爸爸。爸爸感觉自己没有什么机会了，就把很多的期望放在了我的身上。期望越高，失望也越大。所以，我小时候，爸爸对我的教育也是简单粗暴的。贬低苛责加体罚，精神暴力和身体暴力一样都没落下。这种打压在小孩看来就是"羞辱"。长大以后，这类小孩自我接纳能力就比较弱，对自己会有一种强迫性的高要求。而这甚至一度让我陷入抑郁的状态，因为我总是觉得自己很糟糕，对别人没有贡献。

假如我就这样把自己的性格缺陷全部推给爸爸，似乎也是不对的，但是爸爸在这个过程中确实起了巨大的作用。后来我在我的心理咨询师的指导下，慢慢觉察到一些事，我不断地做自我心理建设，开始意识到有一些东西是我可以选择的。在发现这个事实的那一刻，我跟自己和解了。同时我也意识到作为一个爸爸，我对待儿子的方式，会让儿子在无意识中认同我的做法：长大之后，他就变成了我，就像我变成了我的爸爸那样。

我会诚恳地告诉我的来访者和学生，我也会对孩子有很大的期待。比如说，看到他在围棋上的造诣，我就会想，也许他能够成为门萨中国的会员，然后开始着手让他去参加这些测试。作为心理咨询师，我知道这样会给孩子带来压力，而这是我自己的创伤激发的。

作为爸爸，我可以坦然地承认自己心理不够健康。但我可以选择不把这些想法和做法再拿到孩子身上去"践行"。

当一位爸爸面对孩子，发现孩子做了跟自己小时候同样的事情时，这位爸爸无意识中会认同自己爸爸的做法，比如说他们会对孩子失望，会恼羞成怒，会想要以暴力方式处理这件事。

但做爸爸的，首先应该觉察自己的父亲身份，继而思考"失望"背后究竟是孩子真的做错了，还是自我的创伤被激发了。如果是后者，爸爸应该处理自己的情绪，而不是对孩子发火。然后，爸爸可以思考自己需要帮助孩子完成什么样的成长。

比如说，我会在心平气和时，跟儿子约法三章，第一条就是在任何情况下我们都不能撒谎。这是我想要传递给他的价值观。作为父子，我们共同遵守和维护这个价值观。

有一次，儿子被爷爷奶奶接去过暑假。他忘了把暑假作业带过去。一开始，他撒谎说作业已经写完了。到后来被逼急了，他就不接电话，最后还让爷爷把他送回来。这当然是希望得到保护。但是我还是按照约定惩罚了他。很难想象，当时创伤被激发的我有多么愤怒，我想要出言羞辱儿子，想要贬损儿子，但最终我只是打了他的屁股和用一点儿时间重申父子之间的约法三章。在此之前，我花了差不多整整一天的时间给自己做心理建设，包括强迫自己重新审视眼下发生的事情，最终我只是用彼此约定的规则惩罚了他，而不是让怒不可遏的自己的情绪得到发泄。

作为爸爸，我们需要一种力量来阻止自己的创伤延续到孩子身上。这是一种自主选择的力量，它首先需要自我觉察的能力。

父亲角色力五：耐挫力

父亲的意象是强大的，一经建立就能源源不断地输出能量。同时，它又是脆弱的，很容易就会被外界环境或者"超级妈妈"打破了。

爸爸也是人，也会遇到各种各样的问题，当一个爸爸的形象在孩子面前坍塌时，爸爸需要有勇气和能量去重建自己的父亲意象。

我有一个小学同学，在他的印象中，他的爸爸是一个受人尊敬的好人。小时候，街坊邻居常常会给他爸爸送点儿吃的什么的，以感谢他爸爸对大家的帮助。这时候，他就会特别高兴地把东西拿到学校，跟大家一起吃。这时候的他很自豪。

有一天，在回家的路上，我的同学正好看到家门口开来一辆警车，下来几个警察给他爸爸戴上手铐带走了。之后听说，他爸爸因为打伤了人，被法院判刑 7 年。他爸爸出狱后，变得谨小慎微，再也没有以前的意气风发，有时候还会习惯性地说"报告"什么的。他特别嫌弃爸爸，甚至以此为耻，不想再跟爸爸发生什么联系。

有一天，他跟爸爸发生争执离家而去。回来时爸爸一个人静静坐在那里，主动表示想跟他聊一下。虽然非常不情愿，但他还是勉强坐下来，说就聊五分钟。爸爸问他知不知道自己为什么坐牢。他说："全镇的人都知道啊！你在公共场合把别人打成了重伤。"爸爸说，是的，因为在电影院旁边的路上他看到有人在欺负一个姑娘，爸爸过去帮忙，在打斗中，不慎刺穿了对方的脾脏。虽然从性质上讲这是一次见义勇为的举动，但是由于对方受了重伤，爸爸最终还是被判了7年。为了能够早一点儿出来，爸爸在监狱里非常自律，还立了几次功，最终减刑一年获释。

同学说，那一刻，他真的非常激动。他亲眼看到爸爸被带走，这让他内心变得非常敏感，也十分好斗，一度差点儿闯祸，还想过离家出走。幸亏爸爸找他说了这些，否则他可能会一直困在怨恨的情绪里。

当爸爸的形象坍塌的那一刻，重建父亲形象对孩子来说是非常重要的。父亲形象的坍塌意味着孩子内心失去了强大的支撑力量。这会改变他们对世界、对规则的看法。他们很可能会被自己的情绪支配而做出不理智的事情。

父亲角色力六：自我接纳力

人都是有七情六欲的。不管爸爸拥有多么强大的角色力，在完成爸爸功能的过程中，他们也都会遇到困难。有些爸爸在遇到困难时，会非常在意孩子对他们的看法。

从生物学的角度来看，妈妈对孩子的接纳是无条件的；而爸爸对孩子的接纳是有条件的：首先，孩子要像爸爸，这是遗传基因在起作用；其次，孩子要对爸爸有价值。同样，孩子对妈妈和对爸爸的态度也是这样，他们对妈妈的接纳是无条件的，对爸爸的接纳却是有条件的。

在这个互动的过程中，爸爸要维护自己的形象，相比妈妈，这无疑是更加困难的。所以有些爸爸宁可留给孩子一个背影，也不去跟孩子亲近，他们恰好是在回避这种困难。你跟一个人越亲近，了解到的真实状况就越多。网上曾经有一个故事，说一个男孩跟女孩在马拉松式的恋爱后终于同居了，却很快就分手了，因为男孩无法接受女神刷牙的样子。

真实的爸爸跟孩子之间"束缚"越多，爸爸的形象呈现在孩子面前就越像符号化的人设。这时候，爸爸需要放下脸谱化的面具，还孩子一个真实的爸爸。比如说，跟孩子说一下自己的工作遇到的难处，把自己作为一个人的各个方面呈现在孩子面前。只有在这样的状态下，父亲的角色才能长久而真实地存在。

有一次，我在北京卡酷卫视做嘉宾，其中有一个环节是亲子闯关活动。搞笑的事发生了。在平衡木那一关，我因为平衡功能不太好，好几次掉进水里。儿子就在上面等我，说："老爸你这个平衡能力好像不行啊。"我只能默默承认，我在这方面的能力确实不行。儿子笑着说："那要不要我帮一下你啊？"后来我跟大家分享，这一刻我忽然觉得很轻松。天知道，刚刚听说节目有平衡木时，我心里有多紧张不安。

在心理咨询过程中，我们会告诉来访者要接纳自己。因为这时候的爸爸才是一个有血有肉的完整的"人"，而不是一个符号化或者一个想象化、理想化的爸爸，也不是一个被你贬低的家伙。

对女儿来说，一个真实的爸爸还有另一个重要意义。爸爸是女儿寻找伴侣的重要模板。一个过于理想化的爸爸会导致女儿在遇到伴侣时，把他们过度理想化。当真正靠近这个男人时，就会有幻灭的感觉，而总是把所有的潜在伴侣都过度理想化，那是找不到"理想"伴侣的。

■ 自我觉察训练二

时代呼唤父性回归，破解当代爸爸面临的共同难题。

1. 爸爸如何走出自己的童年创伤

每个人都可能在童年经历过创伤，爸爸也不例外。

正如前面所说，严苛的症结正是他们人格里有没有长大的部分，或者说他们自己都还没有从他们的父母那里毕业。

比如说严苛的爸爸非常重视规则，他们大多是"孝子"。但这个"孝"背后的心理动因不是爱父母，而是想让父母看到自己可以做得有多好。

同时他们会用刻板的教条对待孩子。严苛是因为爸爸心里各种行为、情感的阈值比较低，通俗地说，就是他们可以容忍的范围很狭窄。孩子只能在他们设定的特别窄的通路中通过，稍微有一点儿个性化的东西都不被他们允许。他们希望孩子"像"他们，但是他们自己又被一些东西束缚住了。比如，他们的成长过程也是被这样狭窄的区间框定的。

再比如说，一些爸爸小时候有一个"虎妈"，相对而言，他们的爸爸在家中则非常弱势。爸爸小时候无法从他的爸爸身上学会尊重权威。同时，他们会跟着妈妈一起"看不起"爸爸。这样一来，这个爸爸的男性力量就发展不起来，性格上也会出现不自信、或者依赖的特征，长大之后，他们往往也会找到一个强势的"虎女"结婚。当他们有了孩子时，这些在跟妻子相处时不一定会呈现的特质，都会在"父亲角色"中浮现出来。

当爸爸面临这样的处境时，首先要思考的不是要如何"教育"孩子，而是真实地面对自己，承认自己作为一个人的缺陷，而后才是选择对待子女的方式。

比如说，一个妈宝男爸爸就曾经分享过：他习惯了接受妻子的照顾，也觉得自己无法变成一个好爸爸。有一天，他在妻子的帮助下，设想了一下假如生命可以重来一遍，他会想要一个什么样的爸爸。然后他把这些愿望写在纸上，变成了他可以为孩子做的努力。

2. 如何走出社会因素造成的父亲自恋损伤与权威焦虑

工业化大发展与后现代主义的兴起，让社会普遍更加重视物质的价值。这里值得一提的是，科学从某种意义上说也是一种物质的产物。

以心理学为例，当代心理学有两大重要的分支：一是由机器和临床实验为基础的认知心理学。把机器插在人身上，大脑有什么生物化学变化，是可以通过数据来量化的。通过实验，还可以形成有数据支撑的理论；二是社会心理学，就是我们常常听到的由大数据支撑的、对普遍的社会行为的研究。但是就精神分析而言，它强调的还是人的行为，以及过程中的感受。很多时候我们拥有很多的物质，明白了很多道理，还是没有过好这一生，就是因为过程中"感受不好"。

遗憾的是，在这个强调科学和物质的时代中，精神愉悦的程度没有量化的指标。因为没有量化的指标，所以我们就会倾向于用"物质价值"的标准来衡量角色的价值。比如说，爸爸是不是伟岸、正直、勇敢，不好衡量，但是爸爸是不是富裕、高效之类的价值则很容易识别。现代社会物化了人类价值，或者用"物"的标准来建立父亲意象，结果就是，这个"爸爸"变得很容易被替代。

就像我们在前面的章节里提到的，开桑塔纳的爸爸看到别人的妈妈开来一辆保时捷就坐不住了。不够"富裕"的自我意象让他感觉难受。当儿子指出这个现象时，他的权威便保不住了。这就是爸爸脆弱的来源。

穷人和长得不帅的人就不配做一个好爸爸吗？其实这在很大程度上在于父亲自我意象中所包含的内容。父亲的角色没有统一的剧本，如何建立父亲意象也没有统一的标准。与"上帝"的完美和无所不能相比，人性化的爸爸体现得更多的是与家人之间的情感联结，只有这样的联结本身才是独一无二和无法被他人轻易替代的。

3. 共情爸爸

很多人都问过这个问题：为什么看心理咨询师的女性比男性多？因为女性的心理更脆弱吗？恐怕不是这样。在中国传统文化中，男性诉说自己的情感问题，表达激烈的情绪，抱怨自己的家庭，是不被允许的。

你会看到很多妈妈群，但是你看过爸爸群吗？几个妈妈聚在一起就可以互相"吐槽"自己的丈夫和孩子，虽然这并没有解决问题，但是"感觉好多了"。你看过几个爸爸聚在一起这么做，然后感觉会好多了吗？

这一方面是因为女性更多的时候需要的是共情，而男性讨论问题更多思考的是解决方案；另一方面，社会本身就缺乏"爸爸"这个共情群体。

在旧时代，孩子们从四书五经里学到关于家庭、关于爸爸的"规则"。从某种意义上讲，社会让"爸爸"这个角色被"看见"了。同时，关于如何做爸爸，整个社会是有"规范"的，但是当今的社会没有这样的文化体系。

工业化大发展和商品化社会还在不断解构爸爸的价值，使父亲的权威遭遇挑战，父亲的意象变得比以往任何时期更加混沌不清，但是家庭需要父亲这个角色，孩子需要爸爸。迎来父性的回归，首先要"看见爸爸"的存在。

"看见爸爸"是一个需要整个社会来"共情"的集体诉求。

4. 妈妈迎接爸爸回家

爸爸的困难还在于他们在家庭里被边缘化了。父亲的意象非常脆弱，而且常常被妈妈和孩子打破。

当下的社会出现了很多"超级妈妈"。妈妈们一边把爸爸的职能揽到自己身上，把爸爸从家庭里边缘化，一边又进一步抱怨爸爸的缺席，形成一个恶性循环。

"超级妈妈"的自我价值感其实很低。她们的低价值感带来高自尊感，高自尊感又引发了高敏感性。

具有这种特征的人，内心深处觉得自己什么事都干不好。她需要很强的掌控感，只要有一点点事没有按照她的想法来，她就会马上全盘否定，用高自尊感把自己给武装起来，绝不会认错。高敏感性使得她们不允许别人说她有一点点错。然而，妈妈并不能真正代替爸爸的功能。

面对这样的恶性循环，好的方法是退开半步看一看。如果希望爸爸回家，妈妈首先应该把爸爸的那些功能还给爸爸，和孩子一起迎接爸爸的回归，和爸爸一起建立起更加稳固而健康的家庭关系。一个爸爸缺席的家庭不是一个社会单元的稳定形态。

第三部分

看见爸爸

第十章

完整家庭里的 "隐形爸爸"

有一次，我在一个公开场合演讲，提出我们工作室以后要开发一个"共享爸爸"的产品，台下响起了雷鸣般的掌声。来听这场演讲的妈妈们，对"共享爸爸"的兴趣，超乎了大家的想象。

"共享"这个词最早出现在明朝冯梦龙著的《东周列国志》。齐景公说："相国政务烦劳，今寡人有酒醴之味，金石之声，不敢独乐，愿与相国共享。"后来，罗贯中写《三国演义》时也用了这个词，曹操用铁链锁了战船，打算一举平定东吴，跟将士们说，"收服江南以后，天下无事，与诸公共享富贵，以乐太平。"

2016 年，中国出现了共享单车，之后共享汽车、共享充电宝、共享雨伞……共享经济让"共享"这个词入选"2017年中国媒体十大流行语"。

当代的"共享"概念强调的是一个东西的使用权，而非所有权。

共享经济的核心是：拥有一件东西的成本很高，还可能性能不佳，如果共享，就只需要支付很少的成本，随时随地获取与价格相匹配的使用功能。

那一天，台下坐着的妈妈大概都不缺丈夫，或者孩子的爸爸，但是她们家里的爸爸又大多没有发挥出该有的作用。当她们听到有功能共享的爸爸时，全都忍不住欢呼雀跃……

隐形爸爸是没有发挥应有作用的爸爸

"父亲意象"是父亲这个客观物象经过群体共同的情感活动创造出来的一个集体意象。父亲意象不是指某一个人的意识，它是集体意识的产物，往往具有鲜明的时代特征。我们这个时代的"父亲意象"比以往任何时期都更加薄弱，如果硬要说的话，这个意象就是"缺失"。

网上抱怨"丧偶式育儿""诈尸式育儿"的妈妈比比皆是。她们不是单亲妈妈，胜似单亲妈妈。很多家庭的爸爸并没有跟妈妈离婚，但是他们不回家，或者回到家也什么都不干，我们称之为"隐形爸爸"。

隐形爸爸的典型表现是：

全程不参与孩子的养育，甚至经常不回家；

回到家也只顾着自己玩，不帮妻子照顾孩子。

还有一些在育儿中屡屡遭遇挫败的爸爸，觉得自己根本不可能教好一个孩子，于是干脆就放弃了这件事。

很多家庭矛盾都是以孩子的教育问题为导火索的。妈妈们认为："你对我不好也就算了，你连孩子的成长都不关心，这可真是让人忍无可忍"。

隐形爸爸其实就是父亲功能不健全的爸爸。我们从形成这种状况的心理动因出发，把隐形爸爸分成了六类：

1. 女强男弱，被隐形的爸爸；

2. 只想追求自我成就的爸爸；

3. 贪玩、退行为"男孩"的爸爸；

4. 回避夫妻关系的爸爸；

5. 妈宝男爸爸；

6. 不知道如何参与的爸爸。

隐形爸爸一：女强男弱，被隐形的爸爸

2004年导演顾长卫拍了一部蕴含精神分析色彩的电影《孔雀》，影片讲述的是一个生活在20世纪七八十年代北方小城市河南安阳的五口之家的故事。这部电影拿到了2005年柏林电影节的银熊奖。

小儿子高卫强从小到大一直在反抗家里过于强大的父权，但他屡屡抗争失败，最终也没能走出"俄狄浦斯情结"，成了一个被"阉割"的男孩。在影片中，长大成人的高卫强娶了一个带着"拖油瓶"的歌女为妻，他不愿去找工作，整天只是在家带孩子、伺候老婆，活得毫无意趣，用他自己的话来说，就是"我只想一觉醒来已经 60 岁了。"他的生命还未绽放就已经枯萎了。

弗洛伊德关于男性成长有一个重要的论述——俄狄浦斯情结，即男性的恋母情结，说的是男孩在成长过程中必然要经历一个俄狄浦斯阶段，男孩需要在这个阶段克服弑父娶母的愿望，努力完善自己的人格。如果男孩无法完成这个挑战，就会导致人格发展出现障碍，形成某种心理问题，甚至精神疾病。在正常的家庭里，男孩因为依恋妈妈，挑战了爸爸的权威，从而遭到爸爸"阉割"的威胁，男孩最终会认同爸爸，超越俄狄浦斯阶段，成长为真正的男人，并把对妈妈的欲望转向其他女人。

影片中的二儿子，正是因为父权的强大和妈妈的实际缺失而遭到"阉割"，终身都没能完成成长。

有意思的是，影片中的这个家庭父母双全，但是因为妈妈过于强势刻板，对子女而言，爸爸和妈妈从根本上说是同质化的"父亲"，只是表现形式不同：爸爸外表懦弱，言语甚少，而妈妈则处处体现着家庭的权威。真正的爸爸变成了这个家庭的"隐形爸爸"。

电影总是把人生浓缩成精华给观众欣赏。《孔雀》中的妈妈变成爸爸，有特定时代的因素，普通人的家庭并不会变得如此极端，但是在一个家庭里，爸爸和妈妈都有自己的角色，当妈妈过于强势时，爸爸必然会相对弱势。

我有一个来访者。她来咨询是因为跟丈夫的关系不好。结婚一段时间后，他们的关系还可以，只是丈夫对性生活非常抗拒，而且他的脾气越来越暴躁。当她对丈夫表达亲密的诉求时，丈夫都果断拒绝。后来进一步发展到对她的任何要求和期待，丈夫都断然拒绝。她说，这种拒绝太干脆、太快了，他几乎不思考，就条件反射性地拒绝了。

　　她描述了一个细节，她说丈夫好像是没有性需求一样，每一次都像是在完成任务。慢慢地，她也不再跟他提这方面的需求了。当他们的关系恶化后，丈夫有时候会以非常粗暴的方式，强行和她发生性关系。

　　这件事的另一面，是这位妻子在结婚后对丈夫越来越不满意，因为她觉得丈夫在很多事情上都很没用，再加上丈夫对她的种种恶劣态度，最终他们离婚了。

　　离婚后，困扰她的事情发生了。首先她觉得自己有一种说不上来的孤单感，这不是失去伴侣、没人陪伴所导致的空虚，而是对前夫的一种特殊的牵挂。以前在婚姻中，她一向是鄙视丈夫的，现在她开始有点儿"心疼"他。这种情绪越来越强烈，甚至引发了失眠和便秘。她无法跟周围的人说清楚自己怎么会产生这么诡异的想法和情感。

　　她在回忆自己跟爸爸的关系时说，她小时候，爸爸比较懦弱，妈妈则非常强势。有时候妈妈动手打她，爸爸就站在旁边一声不吭，回避她求助的眼神，有时候甚至还会帮腔说：

"该揍！"

　　一个女孩被妈妈暴打，影响了她对妈妈身份，甚至是女性身份的认同。后来她在两性关系中，也很难接受一种相互信赖的关系，因为她对自己的身份是怀疑的。尤其是当丈夫想要孩子时，她拒绝了。她不愿意成为一个妈妈，她潜意识里不认可妈妈这个身份，她觉得如果有了孩子，她就会成为一个自己不喜欢的人。

　　因为不认可那个懦弱的爸爸，她立志要找一个有力量的男性。于是她找到了一个和爸爸截然相反的男人——一个成功的男人。不幸的是，婚后不久，丈夫的事业遇到一些困难，他回到家里也会感到沮丧。这让她把丈夫的样子和当年爸爸的样子重叠在一起，她开始用嫌弃甚至鄙视的方式来表达自己的不满，这也是幼年的她对爸爸不满的重现。

　　离婚以后，她的前夫不再在眼前"上演"类似她爸爸的戏码，她开始以一个女性的视角重新打量这段婚姻，她从自己的行为中看到了妈妈的影子，于是她又像当年同情爸爸一样同情前夫。

　　在母强父弱的家里，这位女性来访者拥有的是一个隐形爸爸。

　　2011 年，耶鲁大学美籍华裔教授蔡美儿出版了《虎妈战歌》一书，书中讲述她如何"苛求"两个女儿成凤的故事。另一位世界级的女强人英国前首相卡梅伦就盛赞过"虎妈"的教育。"虎妈"一词也很快就跟"猫爸"连在一起。

虎妈蔡美儿的女儿后来确实上了常春藤学校。不过我谈的并不是一个人的成就，更多的是性格成长的问题。

从精神分析的角度来说，孩子总会认同同性父母那一方，女儿会认同强悍的妈妈，久而久之，女儿也会变成强悍的女儿。在很多家庭里，关系紧张的母女往往性格相似，有其母必有其女。厉害的妈妈一定有个厉害的女儿；脾气暴躁的妈妈，也一定会把脾气暴躁的毛病遗传给女儿。虎妈的女儿，长大后就变成了另一个虎妈。

虎妈的儿子则会出现另一种情况，那就是无原则逃避。当妈妈总是指责、批评丈夫时，在某种意义上也是在指责、批评男性。儿子作为男性必然会跟他的爸爸一样躲在角落沉默不语。所以，当一个性格过于强势的妻子总是嘲笑、奚落她懦弱的丈夫时，其实就等于把这种嘲笑和奚落原样甩在了儿子的脸上。强势的妻子往往都有一个懦弱的儿子，她越指责她的丈夫懦弱，她的儿子也就越懦弱。

首先，孩子在父权丧失的家庭，会导致孩子不仅不能从爸爸身上学到尊重权威、而且还会认为男性就是爸爸这样的。同时在父职功能不健全的家庭里，孩子面对强势的妈妈，往往会本能地讨好"强者"，尤其是男孩。他们也会跟着妈妈，不知不觉地反抗爸爸，不重视爸爸的意见。

其次，男孩难以男性化。孩子对男性力量认识较少，会出现"父爱缺乏综合征"。他们缺乏阳刚之气，在体重、身高、动作等方面发育较慢，并存在诸如焦虑、自控能力弱等情感障碍，在性格方面也会变得懦弱、胆小、孤僻、自卑等。未来进入社会后，他们会出现各种不适状态，无法按自己性别角色的规范行事，喜欢找性格强势的女人结婚，无法成为值得依赖的丈夫。

第三，强势的妈妈会导致"恋母情结"。强势的妈妈由于投入的爱越多，期待收获的也就越多，母子联结也越紧密。个别妈妈甚至还会把儿子当作"替代配偶"，作为情感依托的唯一对象。最后她们有可能渴望占有儿子，以至于渴望分享儿子的一切。这样使孩子难以摆脱妈妈的影响，获得真正的自我。这使男孩在成年后难以认同其他女孩，更加依赖妈妈。

在一个家庭里，妈妈的性格过于强势，会让爸爸找不到存在的空间。在这样的隐形爸爸的家庭里，虎妈很可能会收获一个跟自己一样的女儿，和一个懦弱的、被"阉割"的儿子。

隐形爸爸二：只想追求自我成就的爸爸

现在很多机场都有玩具店，这是给繁忙的爸爸们准备的。他们在出差的途中经过这些玩具店时，就会想起买一件礼物给孩子。他们当中有一些人是真的觉得需要补偿孩子；另一些人只是觉得"爸爸是应该给孩子买礼物的"，后者就是我们说的第二类隐形爸爸——忙着完成自我价值的爸爸。而孩子也变成了爸爸完善自己人设的一个重要道具——一个成功的爸爸应该有一个优秀的孩子。

造成爸爸总是忙着实现自我价值的原因很多，有可能是原生家庭，也有可能是被激发的童年创伤。但是从表现形式上来讲，他们都有一个共同的特征，就是追求自我成就感。

这样的爸爸处于高度自我的状态下，身边的人都是他实现自我的工具。结婚是因为他需要一桩体面的婚姻，而不是爱身边的人，想和她共度余生。生孩子也不是因为他爱孩子，更多是因为他需要优秀的后代，就像他需要一栋体面的房子、一辆体面的车一样，这些都是人设的重要组成部分。有了这些人和物的配置之后，他就把全部注意力放到了自己的事业上，对他来说，自我实现的成就感远远比亲密关系和亲子关系重要得多。

父亲的角色被这类型的隐形爸爸过度象征化了。过度象征化导致了虚伪成分的出现：一方面是爸爸的不健康自恋。另一方面是爸爸跟孩子和妻子之间的情感隔离。

所谓情感隔离，就是不再主动跟对方建立情绪上的联结。

从心理学的角度来说，情感隔离是一种攻击。

一个来访者说："我有时候很忙，跟孩子在一起时，我就拿着手机。后来学习一些亲子课，我察觉到自己这样是在跟孩子隔离。这时候我再去观察我的丈夫，我发现，天哪！他也一直在和我们情感隔离。譬如，我们一家子出门玩，丈夫也跟着，但是他一直在看手机，也不知道他在看什么。当时我特别生气，因为我在他身上看到了我自己原先的状态，而且我知道这种状态将会对孩子产生什么影响。"

现在很多爸爸，在陪小孩的时候并没有参与其中，他们一直在玩手机。小孩叫他，他也不答应，叫多了就"嗯嗯嗯"，但还是没有动。孩子叫父母，是想跟他们表达自己的情感。这时候身边的爸爸却沉浸在自己的世界里，根本没打算理小孩。

一个主动进行情感隔离的爸爸，造成了一种对孩子的被动攻击。

那个来访者和她的丈夫就养了一个"被父母长期忽视的孩子"，这个 7 岁的女孩很多时候情感也是隔离的。当有陌生人跟她讲话，或者被问到什么时，她的脸上马上浮现出笑容，一副天真烂漫的样子。当她一个人时，她却总是闷闷发呆，甚至偶尔还会哭一下。当父母问她时，她就会说："没事。"

造成情感隔离的原因，除了真实的忙碌，还有不愿亲近，甚至害怕亲近的成分。情感隔离的爸爸可能正处于不健康自恋之中。

成就型爸爸追求所谓的"成就"，其基础就是男性价值，一种雄性世界的竞争序列。爸爸如果跟孩子过于亲近，这种不健康的自恋产生的虚幻价值感就可能随时被打破。就好比，有一位爸爸开车接儿子放学，结果儿子说自家的车不如同学家的车好，爸爸恼羞成怒，就打了儿子一耳光。爸爸也可能会后悔，他会想假如没有去接儿子，这件事压根儿不会发生。

再譬如，爸爸亲手给小孩换尿布，结果他发现自己根本不行，产生了无力感，"无所不能"的自恋感也被打破了。这就是很多爸爸回避跟孩子互动和亲近的原因。因为在互动中，那些不健康的自恋很容易被打破。

这样的爸爸更多的时候只能算是一个男人。在他们想要追求的成就感中，孩子只是他完善自我人设的一个道具。

2013年戛纳国际电影节评委会颁给了是枝裕和执导的《如父如子》天主教人道精神奖。这部亲子题材的电影讲述的是两个日本家庭突然得知他们已经6岁的孩子出生时在医院被抱错了的故事。

供职于东京某建筑公司的野野宫良多毕业于高等学府，事业有成，家境优渥，与妻儿过着幸福快乐的生活，无论怎么看，他都是一个人生赢家。性格内向的儿子野野宫庆多把爸爸所说的一切都奉为金科玉律，努力扮演一个好儿子。

庆多连面试私立小学，都被安排先上专门的补习班。

面试官问：你夏天时做了些什么？

庆多答：跟爸爸一起野营、放风筝。

面试结束，良多问儿子："你没有和爸爸一起野营过，为什么要那样说？"

庆多告诉他，是补习班教的。

性格内向、活得小心翼翼的庆多非常努力，却依然达不到爸爸心中期待的"优秀"的样子。他不喜欢弹钢琴，却还是小心翼翼地维护着爸爸对自己的期望、讨好着爸爸。听说自己小时候被抱错了，将来要去亲生父母家里生活时，庆多问的第一个问题是："那我还要继续练钢琴吗？"

每天，良多加班到很晚才回家。到家关心的第一件事，就是儿子有没有好好练钢琴。看到儿子不如自己想象的出色，琴也弹得不理想时，良多很烦恼。当他知道孩子是被抱错时，长长地舒了一口气："果然不是亲生的啊。"

影片中，良多是一个典型的只关注自我价值的隐形爸爸。他没有花时间陪伴儿子，也没有真的想要跟儿子建立起亲密的父子关系，但是他异常在意儿子的优秀程度。儿子必须继承他优秀的血脉，表现出符合这个人设的价值。良多没有真的在意儿子的感受。儿子和妻子更像是他家里贵重的摆设。

如果在美国大选期间去华盛顿白宫附近走一走，你就会看到很多议员家庭，他们都是一夫一妻，一子一女一条狗，外加一辆雪佛莱品牌的美国车。这就是美国中产阶层梦想中的标准配置。议员们为了跟他们的中产选民"共情"，往往也都把自己的家庭配置成这个样子。

现在大部分人的孩子都在学钢琴。钢琴已经变成一个标准配置，他们给它赋予了很多意义，比如高贵、优雅、阶层等。家长希望靠钢琴来满足自己的需要。另外，学钢琴还隐含着家长的攻击性，比如，家长带着孩子去考级，看着自己的孩子打败别人家的孩子。

隐形爸爸三：贪玩，退行为"男孩"的爸爸

第三种隐形爸爸是从父亲的角色退行到男人，甚至男孩的爸爸。

在一些重男轻女的地方，男人下班大多都不回家。他们会呼朋唤友在外面喝点儿小酒聊聊天，又或者一起打一场球。这些男人即使成了爸爸，依然非常在意自己的社交群体，或者说，他们在家庭之外还需要伙伴。而这些地区的女性通常都比较能忍辱负重。

这些爸爸们偶尔陪孩子玩一下，倒更像是孩子在陪他玩。至于孩子在这个年龄段需要什么，爸爸完全不知道。

网上有个关于某明星的笑话，说是有一天，某明星爸爸突然心血来潮，想要表现一下，就打算去学校接孩子放学。结果等了好久，他也没有看到孩子出来。他打电话问孩子去哪里了。结果发现他去的是小学，而孩子已经上初一了。

美国也有一个这样的短片。一个节目组在路边做调查，问过路的父子或者父女，你知道孩子的生日吗？你知道你孩子在学校里面最要好的三个朋友的名字吗？你儿子最擅长什么？很多爸爸竟然一个问题也答不上来，有点儿尴尬。

这些看起来很贪玩、更在意自己的爸爸，之所以变成这样，很多时候是因为他们小时候没有机会做自己想做的事，

长大之后就报复性地反弹了。

本书的序章就说到，做爸爸其实是一种选择。并非每个人都适合做爸爸。

贪玩的隐形爸爸，是一个退行的爸爸。退行的本质是没有能力成长，只能退行。

男人找女人吃软饭是一种退行；爸爸不愿承担父亲的角色，或者做不了一个合格的爸爸，只能破罐子破摔，也是一种退行。

心理学把人从婴儿时期到成人的心理发展分为三个阶段。不能顺利发展到下一个阶段的人，都只能退行到前一个阶段，或者更早的阶段。

这三个阶段的第一个阶段就是依赖。在婴儿时期，婴儿对他人是绝对需要的，这是一种依赖关系。

第二个阶段是控制。有的人很在意别人的看法，这本质上是自己人格不够健全和独立，需要通过别人的肯定来完成自我肯定。比如说，看着孩子长大是幸福的，有一个相爱的伴侣是幸福的，但是有些人不能单纯地从这些事本身感受到幸福。他们只能在各种各样的圈子里不断晒娃、秀恩爱，让观众们来鼓掌，肯定他们是幸福的，然后他们才能确定自己是幸福的。这样的人需要很强的掌控感，但是不确定的事太多了，所以他们又十分焦虑。

第三级是健康和成熟。处于这个阶段的人，具有相对完整而独立的人格，能够分清自己和他人的边界，具有接纳自己和爱他人的能力。

贪玩的爸爸往往人格发展不成熟，不具备父亲这个角色所需要的能力，承担不了父亲的责任。他们就只能退行。

我们很多时候会被困在一段僵化的关系中，我们的行为也被无意识控制。有时候，我们称之为"命运"。我们要帮助来访者"获益意识化"，把无意识的东西意识化，他们才有自我觉察的可能性，在自我觉察的基础上，他们才能按照"意识"做出选择。

在那些看似纠缠不清是个死结的家庭关系中，总是有人获益的。有时候获益的是妈妈，有时候是爸爸自己。有时候是今天获益，有时候是明天获益。

在一段关系中，获益的背面往往隐藏着失去，失去的背面往往是获益。看清得失之后，亲自做出选择，一个人才是真的选择了命运。

隐形爸爸四：回避夫妻关系的爸爸

最近几年，电视剧里常常出现这样的情节：一个中年男人下班以后，坐在车里听音乐、发呆、抽烟，磨磨蹭蹭不回家。还有人宁愿在办公室打游戏也不回家。对这些男人来说，职场是事业的战场，家庭是另一个战场。他们的夫妻关系一般都很紧张，不回家是为了减少夫妻间的冲突。

夫妻关系很紧张，总是充满张力，冲突背后的心理动因主要是愤怒。夫妻双方只要一见面，就直接攻击对方，爆发争吵和肢体冲突，或者他们会使用被动攻击，也就是冷暴力。

第四种隐形爸爸是主动隐形的，他们想要回避妻子。假如孩子也在场，他们对妻子的不满甚至会迁怒于孩子。假如是男孩，他最大的可能是站到妈妈的立场上，"维护脆弱的妈妈"；假如是女孩，她最大的可能是变成一个"双面间谍"，夹在父母的中间。

隐形爸爸五：妈宝男爸爸

现在很多人都知道"妈宝男"的概念。妈宝男有两大特点：一是情绪控制不好，对事物的看法过于偏激，并且他要享有绝对的权力。他们在身体上已经是一个成熟的男性，但在心理上更像一个处在偏执分裂期的婴儿；二是妈宝男没有和妈妈完成分离，一辈子处于只有自己和妈妈的二元关系之中，因此，妈宝男跟妻子建立的还是一段母婴关系。

英国精神分析学家梅兰妮·克莱因认为，三个月前的婴儿处在偏执分裂期。

三个月前的婴儿对照顾者（妈妈）的感受是很矛盾的，如果妈妈及时洞察他的感受，并满足他，那么妈妈就是好的；反之，如果妈妈忽视他的感受，没有及时满足他，那么妈妈就是坏的。婴儿没有能力处理复杂的信息，他对妈妈的看法就是非此即彼的二分法：好妈妈就绝对是好的，什么都好；坏妈妈就绝对是坏的，没有一点是好的。

很多写给小孩看的童话也有这样的特点：白雪公主的亲生妈妈是好的，但是她死了。她的后妈是坏的，坏得一点儿人性都没有。

2019 年，国产动画片《哪吒之魔童降世》斩获约 50 亿的超高票房，豆瓣评分至今仍有 8.6 分。很多人说这部动画片是拍给成年人看的，其中一个原因就是主角的人性是复杂的。龙王三太子敖丙是一个背负全族希望的勤奋、孝顺的孩子，他的族人为了让他能够代替他们脱离海底天牢、踏上天庭，每条龙都把自己身上最坚硬的鳞片剥下来，给他做了一件战甲。这个善良的、乐于助人的孩子，在面临自己身世的秘密可能被民众泄露，导致全族受到上天惩罚时，他选择了活埋整个陈塘关的百姓。这时候，他在作恶。

但是，妈宝男无法接受这样的人。当他们跟一个人建立关系时，他们会觉得对方是好人，一旦对方有什么让他不满的地方，对方立即变成了世界上最坏的人。这时候，对方的行为会引发他极大的愤怒，遭到他的猛烈攻击。

沙发土豆型的爸爸中，有相当一部分就是妈宝男。非此即彼的二分法让他无法处理成人世界的人际关系，这让妈宝男很痛苦，他们大多选择退缩。他们更愿意瘫在沙发上玩游戏，在网络世界扮演一个道德评判者的角色。他们跟妻子的关系，就像婴儿和妈妈的关系一样，带有近乎偏执的绝对占有欲，同时还要享受妻子"无条件的照顾"。

绝大多数妈宝男都有一个在家里没有存在感的隐形爸爸。妈宝男都是幼稚、自私的大男孩。从表面上看，他很在乎妈妈，其实妈宝男的内心深处最在乎的是他自己。

妈宝男伴侣，只能用对待儿子的技巧去引导这个隐形爸爸。譬如，妻子想让婆婆不要过度夹在自己跟丈夫之间，她要这么说："我们该给妈妈更多自己的空间。"而不是"咱俩才是夫妻，你得和你妈说说让她注意回避。"

隐形爸爸六：不知道如何参与的爸爸

有一个来访者，他跟妻子青梅竹马，从小学开始就是同学，从初中一直谈恋爱到大学毕业，谈到工作结婚。刚结婚时，夫妻二人也曾经讨论过要不要马上生个孩子。本来二人打算先"玩一段时间"再要孩子的，但在这个时候妻子意外怀孕了。

孩子出生后，夫妻关系发生了很大的变化。从这个男人的视角来看就是妻子变得不可理喻，她总是抱怨他不懂得照顾孕妇、照顾产妇、照顾孩子。当他第一次看到孩子，看到一团"毛茸茸"的东西出现在他面前的时候，他被吓到了，很想扔掉它。他形容自己的感受说："那一瞬间，那团'毛茸茸'的东西就像是要变成一头怪兽，它想要扑过来把我吃掉。"

这种感受很奇怪，让他又害怕又愧疚，非常不想再见到这个孩子。所以，当孩子还在月子医院时，他就跟妻子爆发了一次激烈的争吵，结果他竟然离家出走了两天，因为他不知道自己究竟怎么了，应该怎么办。

这个男人来向心理咨询师求助。他不敢正视自己对孩子的印象是一头毛茸茸的"野兽"。

这个男人的爸爸做了30年的海员。海员一年365天都在海上。他跟爸爸待在一起的时间少得可以忽略不计。在他成长的年代里，物质不像今天这么丰富，他的爸爸的收益跟其他职业相比还是相当不错的。为了多挣一点儿钱，爸爸经常从这条船上下来，马上就去另一条船工作。这个男人唯一能够回忆起来的关于爸爸的事情是，有一次爸爸回家，他已经睡着了，爸爸突然出现并弄醒了他，他就这么迷迷糊糊地看着眼前有一个叫"爸爸"的人站在那里。

当时通信不像今天这样发达。爸爸经常一去经年，杳无音信。男人的妈妈就在家里烧香念经，祈祷爸爸平安回来。时间久了，妈妈就变得有点儿神神叨叨。这个本来应该跟丈夫待在一起的女人，从很年轻的时候开始就守活寡。他小时候半夜醒来，会看到他妈妈正在不远处盯着他看，有几次真的是被妈妈吓得魂飞魄散。

当他的孩子出生以后，他也非常迷糊。他根本不知道爸爸是什么，也不知道爸爸跟孩子的互动是什么样子的。当他想到自己要成为"爸爸"时，忽然发现这个身份是如此虚无，不知道是谁在他还没有觉察的时候，就把他供上了父亲的神坛，而这个神坛下面没有任何支撑。用他自己的话说就是："我好像站在了一个掉下去就是万丈深渊的地方。"

所以，他的内心特别焦虑，特别害怕。他意识不到爸爸这个身份的实质内容，更不知道如何参与。我们说过，有的爸爸小时候总是挨自己的爸爸揍，长大了就总想揍自己的小孩。这类爸爸至少给小孩提供了一个实质性的"样板"，但这个海员的儿子却没有一个爸爸的样板。

他之所以从很小的时候就开始谈恋爱，就是因为他感到非常孤单，感觉身边没有"人"。

还有一个非常有趣的细节。他说，在孩子出生后不久，他感觉妻子完全被孩子占据了，他竟然有一些难受，有一种想跟孩子争夺妻子的爱的感觉。

或许不只这位爸爸，很多爸爸都曾有这样的感觉。这是一种正常的心理现象。当夫妻的关系中增加了孩子这个角色时，丈夫就多了一个父亲的角色，而妻子就多了一个妈妈的角色。在角色变化的时候，他们短时间内仍然停留在上一段关系的角色中，没能意识到新增的角色，以及新旧角色之间的关系的转化。

不知道如何参与的隐形爸爸需要的是学习，学习了解父亲是一个什么样的角色，知道这个角色的功能与意义，然后尝试着做一个好爸爸。

当一个孩子出生时，爸爸应该感受到的是成就感。就像电影《狮子王》中，狮王木法沙对儿子辛巴说："虽然我是这片草原的王，但是辛巴你的出生，才是爸爸一生中感到最骄傲的事。"这是对孩子身份的一种认同。与此同时，在践行爸爸职能的过程中，那个"强大而有荣誉感"的爸爸如果被孩子认同了，爸爸也能生出自豪感，或者说叫爸爸的自恋。

隐形爸爸使孩子的规则感无法内化

从精神动力学来讲，在孩子的成长过程中，一个经常不在的客体就不会是重要的客体。一个常常不回家的爸爸，对孩子来说，就成了那个不重要的客体。

在父职中，爸爸要肩负传递价值规则的责任。用弗洛伊德的术语来说，爸爸会影响孩子的"超我"，但是一个常常看不到、不重要的客体，是做不到这一点的。

现在我们常常听到有人批评当代中国人缺乏规则感。所谓的"缺乏规则感"，从心理学上说，其实是规则没有内化，换句话说，这个人的"超我"是不稳定的。

譬如，开车要系安全带。很多司机在摄像头拍不到的地方就把安全带拿下来，因为系安全带是做给别人看的。在没人看到的地方，他们就要任性地满足自己的欲望。"超我"不能内化的主要表现就是，很多事都是做给别人看的。在别人看不到的地方，为了让自己觉得"舒服"，他就把安全带解开了。

再譬如，有人总是喜欢抢在红灯时过马路，高铁上也总是有人霸座。规则感没有内化的另一个表现是总想要挑战规则，而不是考虑到这些规则是保护自己的。如果大家都遵守规则，在规则之内的我也不会被伤害。

在孩子的成长过程中，爸爸的重要职责之一就是"规训"，把孩子从妈妈的身边拉开，带他走出家庭，走向社会。在这个过程中，爸爸需要教会孩子世界的规则，以及在规则下生存的技能。这个功能是妈妈替代不了的。

有一种精神障碍，叫"冲动控制障碍"。一个人为了缓解内心的焦虑或为了满足内心无法控制的欲望，做出一些伤害自己甚至危害社会的行为。

冲动控制障碍的起因就是患者的"超我"功能比较弱。

这是不愿遵守规则，总想挑战规则以满足自己的人到了一种病理性的状态。比如"偷窃癖""纵火癖""病理性赌博""拔毛症"等。

在正常状态下，这个人也知道这些行为是不好的，也会极力加以控制，却控制不了自己。同时这些行为都有一个明显的特征，就是做这件事的人除了"满足感"，并没有其他明确的目的，比如提高经济收益等。在做这件事之前，这个人由于心情紧张带来的不快感越来越强，做完这件事后，他就会得到如释重负的快感与极大的心理满足。

有时候我们在公共场合，比如餐厅、游乐场，看到一些间歇性躁狂发作的孩子，他们歇斯底里地大哭大闹，满地打滚，无法无天，显得不可理喻。父母在一旁束手无策，只能频繁地向周围人道歉。间歇性躁狂发作其实也是轻微的冲动控制障碍的表现形式。没有建立起稳定的超我，使这些孩子在发病的状态下不会再遵守任何与父母的约定，也听不进父母的任何规劝。

　　美国著名的发展心理学家和精神分析学家爱利克·埃里克森将2—3岁的孩子的发展阶段定义为发展自主性的阶段，主要讲羞耻和怀疑的矛盾斗争，从这一阶段开始他们可以有能力和家长抗争，逐渐产生意识，可以决定自己的想法。

　　这个时候，孩子的想象力也在发展，他可能会想象一些很开心的事情，但一些恐怖、焦虑的情景往往也会出现，例如会做一些可怕的梦。

　　这个时期，"超我"在形成。他开始意识到什么是好、什么是坏、什么是生、什么是死，他对这些概念有一些接触，"超我"开始形成。而且在这个时期，他开始区别什么是真的、什么是幻想。在这个时候，"超我"极端不稳定，要么极端好，要么极端坏，好时无所不能，坏时一无是处。父母能够做的，就是帮助孩子调整自我状态和解决问题，让孩子意识到即使是犯了错误，父母仍然会接纳你并爱你。

第十一章

缺失的爸爸+焦虑的妈妈
= 失控的孩子

当代中国家庭有一个经典的公式：缺失的爸爸＋焦虑的妈妈＝失控的孩子。

缺失的爸爸、焦虑的妈妈、失控的孩子，这似乎已经成为中国当下很多家庭的痛点。造成这种状况有其社会的原因：独生子女造成家庭结构简单化，双职工带来的家庭动力多元化；也有自身的原因——个人信息处理功能赶不上搜索引擎和人工智能的发展。

4+2+1 的家庭结构

"80后""90后"的家庭结构往往非常简单，呈现出 4+2+1 的形态：夫妻双方父母、夫妻、一个孩子。

孩子作为这个"1"，他在家里获得的东西与需要承受的东西相对来说是一致的。6个成年人会把家庭资源都向孩子倾斜，与此同时，大人们未了的心愿、价值观、对孩子的期望，都会传递到孩子身上。当孩子承受了来自这么多人的"期许""要求"，甚至是"情绪"时，他的压力会非常大。压力大到一定程度，他就会想要逃离。这种逃离不一定是离家出走，更多的时候是孩子形成了一种自我防御机制，即自我封闭，切断跟外界、跟家人的联系，进入一种自我保护的状态。

切断与他人的联系后，孩子就无法拥有向他人表达自我感受的能力，也缺乏跟他人互动的经验，进而也体会不到集体成员之间的规则感。这时候，孩子无论是对现实的体验，还是对情感的体验能力，都处于碎片化的状态。严重的时候，孩子就会出现情绪失控，或者情绪障碍。

从心理学上说，导致情绪障碍的主要原因，就是引发情感变化的外界活动、急剧变化的社会条件超过了人的心理可能承受的范围。情绪障碍症高发人群主要是在15岁左右的中学生，以焦虑、害怕、抑郁为主要临床表现。

从来访者对自己心情的描述来看，它的症状通常是：无所谓高兴、悲伤、无望或者沮丧。从表现上来看：他们做什么事都显得兴趣缺失，要么食欲减少，要么暴饮暴食（还有一种特别的行为，是渴求特定的食物）、失眠或者嗜睡。从行为上看：他们无法安静地坐着、常常绞扭双手，或拉扯或磨擦皮肤、衣物或其他物件；说话的音量、话量、内容多变性等趋于减少，甚至缄默不语。思考力、专注力都在下降。

心因性疾病

有一个来访者，他的小孩总是在早上去上学时肚子疼，甚至疼得满地打滚。时间长了，家长也对这个病产生了怀疑，怀疑小孩是不是不想去学校才装病，但是小孩满头冷汗、肌肉抽搐等生理症状似乎又都在表明她是真的病了。为什么这小孩一到上学时间就发病呢？医院也说不出个所以然，医生认为这有可能是出现了心因性的躯体病变态[1]，于是建议孩子去看心理咨询师。

这一家五个人走进心理咨询室，就出现了一个很有意思的现象。孩子坐在父母中间，既没有偏向爸爸也没有偏向妈妈，而是刚好坐在两人等距离的中间，与此同时，坐在旁边的外公外婆则一直想去靠近这个孩子。无意识的座位排序，把这个家庭背后的状况展现得一目了然。这个每天上学前就肚子疼得满地打滚的孩子，显然是需要用这样的"病痛"来达成某种目的。

这个家庭跟所有的 4+2+1 家庭很相似。爸爸经常在外忙碌，妈妈也是职业女性。外公外婆是小孩的主要养育者，所以外公外婆一直想跟孩子亲近。当被问起夫妻二人的关系时，

---

1 躯体病变态：非生理疾病导致的身体不适。

夫妻二人态度非常冷淡，默契地回答说："还好吧。"

这时候，小孩微妙的眼神出现了，她小心翼翼地看了父母一眼，低声说："我很少看到父母互动，他们基本不会单独待在一起，但是，爸爸和妈妈都很担心我的身体状况。"

当被问到上学时候的情形时，孩子回答说："一般爸爸在我上学时还没有起床，但是如果我肚子疼，爸爸就会起来，和妈妈一起把我送到医院去看病。"

情况一目了然：这个孩子希望跟爸妈亲近，脱离外公外婆的掌控，跟爸妈待在一起，而生病能够帮助她拉近爸妈的关系，让他们一起来关心她，送她去看病。这种无意识的心理动机，让她的肚子从想象的病痛变成了真实作用于躯体的症状。孩子希望通过这样的方式重新调整家庭的结构。

这在心理学上被称为"躯体化"。意思是，一个人的某种情绪不能在情绪层面表达出来，就只能通过身体来表达了。

心理学家布莱克曼把这种行为归为人类的 101 种心理防御机制之一。在布莱克曼看来，人类的大脑有一种令人惊异的能力，可以产生不同形式的防御机制，从而保护一个人，使他不会意识到不愉快的情绪。这种防御机制往往是在意识之外运作的。譬如躯体化的防御机制，就是让人把注意力全部集中在自己的身体上，从而回避那些未能实现的愿望或者痛苦的情绪。

比躯体化更进一步的就是生于 1979 年的心理学家吉布提出的"知觉生态学理论"。这个理论简言之就是人的身体、大脑和世界是互相作用的，它们最终共同呈现的结果就是我们现在的认知和我们现在的身体状况。

心理学家武志红曾经说过自己的一只耳朵听力有损伤。表面上看是因为中学的时候得过一次病。但是他从历史书中发现，克林顿和拿破仑都有极其相似的听力问题，而他们的共同点是都有一个控制性强的妈妈。武志红自己恰好也有这样一位妈妈。主观想关闭自己的耳朵，导致了客观听力的消失，印证了知觉生态学的理论。

在上面那个案例中，还有一个有意思的细节：这家人的房子是外公外婆买的。住着老丈人房子的女婿在家里没什么地位，常常因为一点儿小事就被岳母指责，在整个家庭里都是被边缘化的。外公外婆却因为"要照顾孩子"常常跟孩子待在一起，成了这个家庭的核心。为了平衡来自家庭不同成员的关系，收获自己希望的亲情关系，孩子变成了这个样子。

这是一个相对极端的案例，却折射出当代中国许多家庭的影子。

有一位来访者就问过一个极具代表性的问题："有时候，我的孩子在看电视，我妈就过去管他，这时候孩子就会冲外婆吼叫，有时候甚至用手推外婆，显得很不礼貌。但是不知道为什么，看到我妈总是这样围在我儿子旁边这么念叨，就像看到她从我小时候到现在也一直这样念叨我一样，我竟然有些莫名的烦躁。"

这在心理学上被称为"边界入侵"。这大概得算当代中国的人际关系最常见的现象。

心理学上说的人际"边界"有三重含义。

1. 物理意义上的空间

比如，孩子到了六七岁，在自己房间的门上挂个牌子："有事请敲门。"这就是孩子作为一个主体所需要的现实意义的空间。父母应该尊重孩子的隐私，而不是把孩子的抽屉撬开，把里面的东西拿出来检查一遍。又譬如有些老人帮小两口的家庭搞卫生，（顺便）把他们私人物品都拿出来看一下。再譬如，在中国社会，陌生人之间的距离大约在一米左右，比欧美国家的人距离要近一点儿，日本人的距离可能还要远一些。这就是空间上的边界。

2. 情绪上的边界

有些父母对孩子的情绪过于敏感。比如说，孩子摔了一跤，肯定是有点儿痛、有点儿悲伤的，这时候妈妈跑过去把孩子抱起来："你怎么样啊，你痛不痛啊，我看一下摔哪里了啊？"孩子刚摔倒时没哭，被妈妈这么一关心，哇的一声就哭了。

再譬如，网上有个笑话：你的朋友都找对象了，对你有什么影响吗？回答："对我没影响，对我妈影响挺大的。"再譬如，孩子失恋了，他有点儿难过，妈妈跑去说："儿子，你这样下去是不行的，你要开心起来啊。"

让孩子和他自己的情绪待一会儿，不要总是试图去"管"孩子的情绪。

3. 心理上的边界

意思就是：我要维持我当下的完整性。我自己知道我自己的样子，不要试图改变我。

譬如，朋友已经跟你说了他要睡觉了，但是你一直唠唠叨叨，不肯挂断电话，这就是打破了朋友心理上的边界，妨碍了他维持当下的完整性。

又譬如，我喜欢先刷牙再洗脸，这是我的习惯。你觉得这个习惯不行，就一直跟我说："这样做是如何不合理，你应该……"这就是打破了我们之间的心理边界。

再譬如，就像那个来访者的父母，他们喜欢在小孩看电视和玩游戏时念叨："你等一下要去洗澡了啊。"明明大人跟小孩约定的洗澡时间是9点，现在才8点40分，还能不能安静地让人玩会儿游戏了？用唠叨的方式强行"打扰"和"换台"，就是对小孩边界的一种入侵。这时候，你常常会看到小孩不耐烦地咆哮或者推开"妨碍"他的人，这是孩子为了维持自己的心理边界做出的反抗行为。

他们之所以会有这样的行为，常常是因为爷爷奶奶外公外婆（尤其是奶奶和外婆）在家庭里的价值感不高，为了获得更高的价值感，他们希望借由照顾孩子（这个家庭的核心价值）而获得价值，所以他们总是在无意识中把自我的意志凌驾于孩子之上，从而达到完整地控制这个家庭核心价值的目的，把小孩也变成自己价值的一部分。

孩子感受到这样一种"入侵"，但是他们无法像成人那样用语言清楚表达自己的感受，所以很多时候，他们的吼叫和推搡是一种边界被入侵后的本能反应。

还有一种隐性的入侵方式，譬如，一个孩子就是喜欢慢悠悠地系鞋带。妈妈"看不惯"，走过去，帮他把鞋带系了。实际上孩子是有能力系上鞋带的，妈妈却总是去打破孩子的完整性，就是要帮他系。

妈妈群里的鄙视链

上海一个 5 岁小朋友的简历在网上火了。

年仅 5 岁的他，英文书的年阅读量超过 500 本，去过国内外 30 多个城市，有钢琴、围棋等近 10 个爱好，还会自己动手做实验……

网上有个笑话，班级家长群里每个妈妈都在晒自己的孩子暑假干了什么，有人去了迪士尼，有人去了夏令营，最后有一位妈妈晒了自己开着兰博基尼带孩子玩的照片。顿时整个群都安静了。

这个时代的妈妈们承受着比以往任何时代更多的焦虑。

薇妮斯蒂·马丁博士在她的《我是个妈妈，我需要铂金包》一书里写道，纽约上东区的妈妈们也有潜规则，有鄙视链。

马丁博士说，你来这个区域住，就得尊重这个城市这个区域的潜规则，不然你是不会被这个区域接纳的。

两岁大的孩子必须上音乐课，是这个区域的妈妈们的共识。

到了 3 岁时，家长就得给孩子请家教，准备迎接幼儿园的入学考试和面试。

到了 4 岁时，家长要给不会玩游戏的孩子请游戏顾问。

他们不会玩，因为他们有太多"加强班"要上——托儿所放学后，除了法文课、中文课、他们还要上"小小学习家"课、烹饪课，还有高尔夫球课、网球课、声乐课。

在上东区当妈妈的女性，通常都冷酷无情，不论是对孩子，或是对自己，都一样。

薇妮斯蒂本人其实是个挺优秀的女性，她早年在密歇根大学主修人类学，后来于耶鲁大学取得比较文学与文化研究博士学位，侧重人类学、人类学史与精神分析史的研究，但是这些都没有用。刚搬到上东区那会儿，走在街上，她跟邻居搭讪都没人理她。耶鲁大学的文凭和专业成就都没有帮到她。她还得有一个完美的孩子。

上东区的妈妈们也很爱孩子，但是作为"开国女皇"，她们不仅自己要成功，还一定得拥有一个"成功"的孩子。阶级是看不见的，但它无处不在，没有人能逃脱。

在她们眼里孩子是自己的成就，孩子是提高身份的方式，是可以拿来炫耀的装饰品，而不是活生生的人。

她们在一流专家的协助下，打扮孩子，喂孩子最好、最健康的食物，把他们送进最高级的学校。

这群野心勃勃的妈妈们的另一面则是极端的焦虑。

她们承受着不能踏错一步的巨大压力，必须当完美的妈妈、完美的社交对象、完美的衣服架子，还得当完美的性感女人。

为了完美，她们投入无数的时间和精力，许多人濒临崩溃。

为了对抗压力，她们有的投向酒精的怀抱，有的服用各种各样的药物，有的则搭乘私人飞机和女性友人前往拉斯维加斯或巴黎疯狂购物"放松一下"。

今天中国的很多城市，如上海、北京、深圳、广州的精英妈妈们也面临着同样的焦虑。在这条鄙视链里，可以看到，妈妈焦虑的绝不仅仅是孩子问题，更多是对她们自己地位的焦虑，对自我价值的焦虑，或者说是作为一个妻子，对自己社会身份的焦虑。最终，这些焦虑都叠加在一起，压到了孩子身上。个人的焦虑有时候是难以公开的，但是孩子的教育和成长是一个安全的话题，是可以引发全家关注的话题。

一位在广州珠江新城从事房地产交易的朋友说，大部分以"学位房"为理由，把家庭关系搞得十分复杂又微妙的妈妈们，都是非常焦虑而别有深意的。

我发现，很多家庭的夫妻关系是相对疏远的，他们很少有独处的时刻，也没有亲密的行为，全家都把注意力放在孩子身上，全家所有的话题也都是围绕孩子的作业、成绩、兴趣班、夏令营、衣食住行展开的。

如同前文说到的，很多家庭的爸爸是隐形的，他们常常不回家。妈妈对夫妻关系是焦虑的，对孩子的过度关注与严苛教育，一方面可以从形式上占据她们的精力，从而缓解她们心中的焦虑；另一方面，孩子也是维持这段婚姻关系的纽带，是对婚姻关系忠诚、约束彼此的一个象征。

家庭动力多元化与信息爆炸引发的焦虑

妈妈的焦虑当然不仅仅是身份地位引发的，还有现代家庭结构变化和信息爆炸带来的焦虑。

妇女解放以来，女性以空前的比例加入到社会劳动中，尤其是中国社会，"双职工"的比例相当高。经济基础决定上层建筑，女性跟男性一样外出劳动赚钱，家庭地位也就跟以前不一样了。多元化的家庭结构，形成了多元化的家庭动力结构，这样的结构也成了引发妈妈焦虑的一个重要原因。

以前男主外、女主内，现在双职工，双方都是家庭经济的贡献者，双方家庭地位也变得更加平等。然而，无论多么对等，也不可能是绝对的平等，这时候权力序列就会让人变得更焦虑。一个人过度追求个人价值，就会缺乏对家庭集体价值的认同感。

除了家庭动力多元化带来的序列焦虑，信息爆炸也是引发妈妈焦虑的一个重要原因。

信息多元化、自媒体兴起后，为了博取流量而故意煽动情绪的文章，往往宣扬相对片面的理论，而封闭的朋友圈让我们只看到自己想看到的，时间一长，就造成了焦虑。

搜索引擎的极大发展与信息爆炸，使大脑处理信息的速度赶不上信息爆炸的速度。在海量的信息中，挑选适合自己的信息，变得越来越困难。比如，有育儿专家说，延迟满足的孩子长大后更有出息，吧啦吧啦举了一堆例子，妈妈们深以为然；隔一天又有另一个育儿专家站出来说，延迟满足会害了孩子，吧啦吧啦又是一堆理论加实例。这时候妈妈们就很焦虑，究竟该听谁的？这样相反的例子还好，有时候理论是并列的，比如说，你要让孩子学数学得先学逻辑，学舞蹈得同时学礼仪，这样一来，什么都不能落下的焦虑感就达到了空前的高度。

英国以脱欧过程中发生的真实事件为基础，拍了一部电影叫《脱欧：无理之战》（*Brexit: The Uncivil War*）。

主导英国脱欧的政客们在事件刚开始的时候，就找了一个媒体宣传好手来助阵。这个政治宣传专家一上来就跟老板说，三分之一的英国人完全不支持脱欧，这类人怎么说也说服不了他，因为你接触不到这么庞大的群体，你甚至接触不到他们相信的"自媒体"、他们看的电视台、他们的信息来源，所以只能放弃这类人；三分之一的人是支持脱欧的，情况也是一样，你也不用说什么，也不用管他们；最后的阵地是剩下的三分之一的人，你需要打入这个封闭的群体，影响他们投票。于是他们开始在这些从来不投票的主妇群里分享"事实"，除了旅游、教育、美食，也宣传留在欧盟会让英国迎来难民，这会让社会不安定啊，凡此种种，最后让这三分之一的群体群情激愤，最终参与投票支持脱欧。然后英国就真的"民主"投票脱欧了。

电影的结尾，主角对现实的世界太失望了，彻底离开了政坛。他发现，无论是坚决支持脱欧的三分之一，还是坚决不支持脱欧的三分之一，还是被他争取过来的三分之一，在信息爆炸的时代，因为认知的偏见，只在封闭的小圈子里接收自己想接收的信息，对世界的认知偏差已经大到让人吃惊的地步。事实上，在接收这些信息的群体中，接收者同样会因为海量的信息而感到焦虑不已。

焦虑的妈妈往往也是严苛的妈妈

在中国的家庭里，最容易被谈起也最容易掩盖家庭其他矛盾的，就是孩子的学习。父母跟孩子没有话讲，父母彼此也没有话讲，只能谈论学习。大家都躲在学习后面，感觉比较安全。当父母开口谈论孩子的学习问题时，他们也在掩盖自己内心对各种工作问题、家庭问题的恐惧和不安。当家长没有能力处理自己的问题时，就拿孩子的学习这块"遮羞布"来挡住。

很多家庭都有禁忌，比较明显被大多数人禁止谈论的是性，还有父母之间的关系。

当孩子触及某个禁忌，父母就会感到不安，不让孩子讨论。这时候，父母需要先看看自己的那份不安是怎么产生的，自己在无意识焦虑什么，那份焦虑的背后往往有父母需要解开的心结。如果父母把自己的内心疏通了，就不会有那么多恐惧来限制孩子。

　　在养育孩子的过程中，父母自己过往的一些心结如果被解开了，孩子也会从家族传承的一些困扰（或者说怪圈中）解脱出来，真正获得选择自我命运的机会。

　　很多人的自律是源于焦虑。他们试图用行动上的自律来证明自己内心不焦虑，这在焦虑的妈妈身上体现得淋漓尽致。所以焦虑的妈妈往往是严苛的。

　　焦虑的妈妈心里非常需要支持。假如她身边最亲近的人无法给予她这种支持，或者她不相信这个人能够给予她支持，妈妈的焦虑就会转移到孩子身上，变成对孩子行为的管束和精神上的压力。因为孩子对妈妈的爱是与生俱来的，妈妈对孩子的管控也是最容易实现的。

　　在有关亲子问题的心理咨询中，常常会遇到这样的孩子，他们攻击性很强，或者无法集中注意力。而有意思的是，这样的孩子基本上都是妈妈带来咨询的，通常这样的妈妈都"很难"邀请到孩子的爸爸一同前来咨询。

　　在咨询的过程中，焦虑的妈妈会一直规范孩子的言行，比如说，坐着时，孩子的手只要稍微动一下，妈妈马上就说："你好好坐着跟老师说话，你动来动去的干什么？"

又比如说，妈妈督促孩子写作业。孩子只要有一点点拖延，妈妈马上就会以命令的方式呵斥他。

妈妈们总是抱怨："孩子就是这样啊，你不盯着，他就不好好吃饭！你不看着，他就不写作业！"你见过一个十几岁的孩子因为不吃饭，而把自己饿出病来的吗？孩子的拖延其实是对严苛家长的一种反抗。

有一位妈妈说，孩子每天洗澡对她来说是一件特别痛苦的事。因为她即使提醒十遍甚至二十遍，孩子都纹丝不动，甚至还会跟她发生冲突。妈妈强烈的焦虑会被孩子感知，这种被焦虑淹没的感觉对孩子来说并不好受，于是孩子用拖延的方式对妈妈进行被动攻击，导致妈妈更加焦虑。母子相处的模式进入了恶性循环。被动攻击也是攻击，这样的孩子攻击性也是很强的。

过度焦虑给孩子造成很大的压力。同时，过度焦虑还会产生一种后果，就是放大错误的严重性。比如有的妈妈上来就说，孩子比较挑食，吃饭很慢，他这样下去就会营养不良，将来就会长不高，还会被人欺负，甚至联想到了成年以后可能会发生的事。很多时候咨询师不得不打断妈妈的联想，这明显已经是"想太多了"。

电影《麦兜故事》里，麦兜的妈妈麦太跟儿子说："我给你讲个故事啊。从前有一个小朋友，他早睡晚起。后来呢？他就死了！"看到这个情节，大家都会开心一笑，但是它就发生在现实中，这会让孩子产生不必要的压力。久而久之，孩子就跟妈妈形成了对抗的关系，对妈妈产生了攻击性，孩子的情绪就变得容易失控，甚至变成情绪障碍症，导致心因性疾病。

为了避免自己情绪失控，焦虑的妈妈总是想要控制孩子。有些控制方式表面看起来还挺合理的。比如说，大人说话，小孩不要插嘴。这条粗暴的规定会降低孩子对环境的敏感力，反应力也会随之降低；长大以后他们总是害怕权威，在权威面前会不敢说出自己的见解。

孩子的直觉比大人准。以大人的身份压制孩子，压制的就是孩子的直觉。正确的做法是，既然家长要讨论只有大人才能参与的话题，可以找一个小孩不在的场合讨论，而不是一边要求他旁听，一边又要求他不能参与。这种"双重束缚"恰恰就是制造精神疾病的土壤。

精神分析学界有个关于双重束缚的冷笑话——

有人给他的狗取名"别动"。于是他经常跟狗说："别动，过来"，或者"过来，别动"。

后来这只狗就疯了。

爸爸帮助妈妈建立权威

焦虑的妈妈最缺乏心理的支撑。面对焦虑的妈妈和有情绪障碍的孩子，爸爸应该做的是帮助这个家庭建立规则，帮助妈妈建立权威。

规则只有在权威下面才能建立，就好比一个国家首先要有权威，有军队，有执法机构，才能维护法律和秩序。没有权威的赋能，规则根本无从建立。

一个焦虑的妈妈在孩子面前是毫无权威可言的。面对"绝知此事全靠吼"的妈妈，孩子会在心里把妈妈看成一个"弱小"的存在。这时候，孩子表现出来的"听话"，也仅仅是取悦性的行为，是一种暂时的妥协。这跟尊重权威、服从规则的"听话"完全是两码事。所以当孩子觉得不想取悦妈妈了，不打算妥协时，他就会变得歇斯底里，显得"任何道理都讲不通"，完全听不进妈妈的话。

这是很多焦虑的妈妈来做心理咨询时使用的原话。这就是没有规则感的听话与有内化的规则感的服从之间的根本区别。

一个没有规则感的孩子，在愿望不能达成时，他就会满地打滚儿，用婴儿对待妈妈的方式来索取自己想要的东西。这时候焦虑的妈妈别无他法，只能希望孩子以"同情"自己的方式理解自己的难处，用情绪来淹没孩子。

而一个尊重权威的孩子，会想要尊重妈妈所说的话，选择服从规则。当出现矛盾的时候，孩子与妈妈更多不是情感上的交流，而是通过遵循某种共同的约定来解决这个问题。

爸爸在帮助妈妈建立规则时，除了自身的父职要完整，拥有很好的父亲权威与意象，进入孩子的世界去理解他们，也是非常重要的。

有一天，我在小区路边听到一个七八岁的孩子跟他的爸爸讨论《三国演义》。孩子说，我觉得《三国演义》里面赵子龙是最厉害的，然后孩子列举了一些例子，长坂坡之类的。爸爸听得很认真，频频点头。等孩子说完，爸爸说："我觉得关云长才是最厉害的啊。"然后也认真地说了自己的理由。

这是一件非常有趣的事，有趣的不是问题的结论，而是一位爸爸可以跟孩子讨论孩子提出来的问题。爸爸认真听取孩子的看法，给孩子机会去发展自己的认知，从而使孩子意识到人与人的认知是不一样的。

人与人之间的相互尊重就在于承认他人和自己不一样。在一段关系中，情绪失控的孩子最大的特点就是想要成为世界的中心。他们无法接受不同的声音，抗挫折能力也很弱，对自己情绪负责的能力就更弱。当他们无法处理自己的情绪时，他们就想要把这些情绪转嫁给别人。因此，情绪障碍症的孩子是无法跟其他人合作，甚至相处的。

当一位投入游戏的爸爸跟孩子一起玩一个游戏，或者共同完成一件事情时，爸爸会教会孩子在规则约束之下如何求同存异。

儿童精神分析大师温尼科特说过："爸爸需要给妈妈提供道德支持，要帮助她建立权威，做家中秩序的代言人。

在一个家庭里，爸爸需要有足够的亮相时间，才能让孩子感觉到一个活生生的、真实的爸爸。回到家的爸爸也不要总是黑着一张脸，或者无时无刻不在看手机。

虽然孩子很多具体的生活都是被妈妈安排的，但是想要孩子发自内心地服从安排，妈妈是需要有权威的。当爸爸不在家时，有权威的妈妈依然能驾驭整个家庭。

同时，如同我在说父亲职能时说到的，一个家庭里的双亲，有人唱红脸就要有人唱黑脸，爸爸要有接纳孩子负面情绪的能力。

家长无论对孩子照顾得多么细致，总会有犯错的时候。家长犯了错，家长的表现达不到孩子的要求，孩子就会生气。这时候就需要爸爸来承受孩子的怒火。毕竟母亲主要负责提供给孩子温暖和关注，如果再要求妈妈来承受孩子的怒气，就是要求妈妈做到既温柔又强悍，当妈的可就太难了。一个母亲如果因情绪负担过重导致崩溃，对家庭的影响就很大。

用温尼科特的原话来说就是："对孩子而言，拥有一对照顾者比仅拥有一个要轻松得多；这样一来，一个照顾者就可以一直被他爱，而另一个就可以一直遭他恨了，这个局面会对整个家庭的稳定性产生积极影响。"

小孩子童年时期是一定会恨某个人的。如果爸爸不在场，他就会转而讨厌妈妈。但是，妈妈对孩子的重要性不言而喻。孩子如果不得已而讨厌妈妈，这会给孩子带来很强的内疚感。

妈妈把父职还给爸爸

要走出"缺失的爸爸 + 焦虑的妈妈 = 情绪失控的孩子"这个怪圈，爸爸和妈妈应该分工合作：爸爸教会孩子求同存异的规则感，借助父性的力量，帮助妈妈建立权威。与此同时，妈妈要做的不是用焦虑的情绪去淹没家庭的其他成员；她们要做的是欢迎爸爸回家，把父职还给爸爸。

有一个来访者曾经说过一个细节，孩子他妈给孩子定了一个按分钟计算的作息表，并且严格地执行着。有一天，这个来访者把这个时间表认真地看了一下，发现没有给孩子留下一点儿和爸爸相处的时间。这位爸爸提醒了妈妈一下："嘿，你不打算给孩子留点儿亲子时间吗？"妈妈说："他有那么多的课业没有完成，你的意思是还要给他更多的玩耍时间吗？你不帮忙监督儿子，还净添乱。"

这是一个典型的过度期待的例子。

过度期待的意思就是，在我非常需要你时，你应该主动读懂我的需要，主动分担我的任务。在这个例子中，妈妈一边过度贬低爸爸对亲子教育的贡献；一边过度期待丈夫可以更好地履行自己的父职。过度贬损与过度期待往往同时发生。

我跟这位爸爸说，其实他可以跟妻子商量一下，看看这个亲子时间的内容如何安排。在妻子陪伴孩子的时候，在旁边看一看，有没有他可以做的事情。

电影《银河补习班》里的爸爸说了一句很有意思的话："儿子，对不起，我也是第一次当爸爸！"

当双方关系从夫妻转变为小孩的父母时，升级的父母需要共同学习，一起适应新的角色。由于父亲和母亲的角色并不能互相替代，妈妈应该注意，把父职的功能还给爸爸。

第十二章

被边缘化的爸爸
怎样挤进孩子和妈妈的关系中

父亲角色在家庭里的缺席，不是爸爸一个人的问题。

所谓"被边缘化"，一定是人为的。爸爸在家庭里被边缘化有两种情形：一种是"超级妈妈"替代了爸爸的功能，把爸爸从家里赶走了；另一种是，因为种种原因，爸爸主动把自己边缘化了。

现在很多人都倾向于把好爸爸和好丈夫捆绑在一起。事实上，父亲角色和丈夫角色的职能并不相同。爸爸面对的是孩子和妈妈；丈夫面对的是妻子。一个好丈夫未必是一个好爸爸，相反，不是一个好丈夫，未必就不能当一个好爸爸。

李亚鹏和王菲离婚了。但是从小有兔唇的李嫣依然长成了自信漂亮的大姑娘，而且她还多才多艺。从李亚鹏做过的努力来看，他算得上一个好爸爸。

华为公司创始人任正非在 2019 年中美贸易战的大背景下，屡次挺身而出，支持女儿孟晚舟。而后者身为华为集团副董事长、首席财务官，是任正非与前妻的女儿。对前妻来说，任正非可能不是一个好丈夫。但对孟晚舟而言，任正非是一个好父亲。

婚姻的失败虽然说不上对错，但是对前妻来说，离婚的男人肯定算不上好丈夫了。然而众多的实例说明，做不了好丈夫的人未必不能做一个好爸爸，未必就不能培养出优秀的子女。

与此相对，有些爸爸虽然还在婚姻关系中，却主动放弃了自己的父亲角色，选择了"被边缘化"。

爸爸能力不足，主动把自己边缘化

2004 年，好莱坞上映了一部灾难大片《后天》，讲的是全球气候骤变，主角霍尔博士得知儿子山姆被困在纽约，于是他决定冒险前往已经沦为冰天雪地的纽约，对儿子展开救援的故事。

被困在纽约一家图书馆里的儿子对同行的人表示，他坚信他的爸爸一定会带着生活物资来救他们的。首先，他相信爸爸具有这样的能力；其次，他相信爸爸永远不会放弃自己。

"男"字由"田"和"力"组成。从原始部族到农耕社会，雄性把资源带回家中，担负起养家糊口的责任。在工业化的社会，男女之间因为"力"的差别而造成的工作差异日益缩小。一个无法把自己认为"足够"的资源带回家的男人，内心对家庭有愧疚感。愧疚感是最难治愈的情绪。产生愧疚感的人通常有两种做法：一是做出补偿，二是选择逃避。

那些常常以"加班""应酬"为借口不回家的爸爸，有一部分正是在回避做一个爸爸。因为深知自己无法履行一个功能健全爸爸的职能，他们索性选择了逃避，主动把自己边缘化了。

放弃挤进母子组建的"命运共同体"

从精神动力学上讲，在成长过程中，孩子跟妈妈之间的紧密联结是一种天性。很少有妈妈愿意主动把孩子推出去。特别是对一个总是感觉不安和孤单的妈妈而言，她们会选择"抱紧"孩子，与孩子形成一种命运共同体。还有另一种情况，妈妈的自我价值感很低，为了提高自己在家里的价值感，就把自己跟全家的核心——孩子，紧紧捆绑在一起，通过孩子提升自己的价值。

在这两种情况下，爸爸都特别难。爸爸想要挤进妈妈与孩子组成的命运共同体，会受到来自妈妈的巨大的排斥。有一些爸爸发现，原来自己不用做什么，不用承担养育的责任，妻子就已经把这件事包揽过去了。假如自己试图"插进"妻子和孩子中间，譬如主动提出要陪孩子写作业、带他们出去玩，反而会招来妻子的不满和抱怨，这时候，爸爸就"乐得清闲"地躲到一边，主动把自己边缘化了。

回避掺和婆媳矛盾

有一次，我在广东卫视的家庭调解节目中遇到这么一个男人。这个男人的妻子和婆婆的关系非常恶劣，他自己严重酗酒，每次回到家里，都会对家人造成很大的伤害。但是这里出现一个有趣的现象：当这个男人的妻子和妈妈出现在节目中时，她们不约而同地一起谴责他。

我问这个男人："哎，看起来在抵制你喝酒这件事上，你妈和你媳妇还挺团结的嘛。"男人说："是的！她们的态度难得一致。"

更有趣的是，这个男人回忆说，以前他几天喝一次大酒，后来变成一天一次，最后变成一天两次，这样严重的酗酒甚至影响到了他的工作。在喝醉时，他就仿佛进入了另一个幻境，不必理会妻子和妈妈的争吵，即使清醒了，也只会听到她们在同声谴责他。

因此，这个男人酗酒的根源在于无意识希望从难缠的家庭关系中解脱出来。他跟那个无意识想要调解父母关系的女孩一样：为了让父母一起送自己上医院，她幻想自己生病了，后来这种强烈的心理作用使她的躯体真的发生了病变，形成了心因性腹痛，而且总是在早上上学时发作。

与妻子亲密关系的终结者

第四种主动把自己从家里边缘化的爸爸，是与妻子交恶的丈夫。从家里边缘化的爸爸，如果态度和行为不当，也会很容易终结父子（女）关系。

我有一个男性来访者。他和妻子的关系非常恶劣，但是妻子不肯离婚，还常常用"离婚了就再也不会让你见到孩子"这样的话来威胁他。

后来这个男人就从家里搬出去了。刚开始时，男人还常常回去看望孩子，希望跟孩子保持亲近的关系。但是他慢慢发现，孩子越来越回避他。他的妻子常常会跟孩子说："你爸爸不爱我们了，他走了，不要我也不要你了。"孩子的主要照顾者是妈妈，总是站在妈妈的情境下感受妈妈的悲愤，于是对妈妈产生了同情，这种同情使孩子主动远离爸爸。

另外，男人发现孩子的一举一动变得越来越像她的妈妈，两人的言行如出一辙。这让本来十分厌恶妻子的男人，在孩子身上看到了妻子的影子，于是他在不知不觉中迁怒于孩子，也渐渐疏远了孩子。

在恶劣的夫妻关系中，孩子往往变成最有力的武器，但是从孩子的角度来说，在一个充斥着谎言和恨意的家庭里，父母意象中美好的部分、亲密关系的模板早就破碎了。

假如必须离婚，仍然选择做好爸爸

提到离婚，很多夫妻首先想到的是隐瞒。

孩子会在这样的价值体系中失去对人最基本的信任。他们最明显的表现就是自我怀疑，不信任他人，以及失去在未来的亲密关系中维护一段稳定情感的能力。

当孩子听到父母为了自己而不离婚时，最容易产生的情绪是愧疚感。孩子会把父母的紧张关系归因到自己身上，因此可能会在今后的生活中变得小心翼翼、谨小慎微。

同时，没有分开的父母，其关系并不会因此而融洽，仍然是紧张的。这时候，孩子就会感到恐惧，不知道哪天父母就分开了。焦虑是对不稳定性的不确定的态度。孩子活在不稳定的父母中间，不确定父母会不会分开，也不确定自己对父母双方应持何种态度。

历史学家孙隆基在《中国文化的深层结构》一书中说到一个现象：我们只能够爱家人，一旦不是家人了，我们就不能将对方纳入我们内心的集体自我中。所以，你对我而言，你对我们家族而言，就是非人。非我族类，其心必异。

因此，离婚的夫妻往往很难再尊重彼此。

在婚姻关系结束前，很多夫妻都经历过各种分歧、争吵甚至打斗，指责、谩骂对方无法沟通、不可理喻，后悔自己当初怎么就瞎了眼，找了这么个人。孩子是夫妻共同的产物，他们看到孩子时的心情常常"百感交集"，有一些父母便会在紧张的关系中，把孩子当作威胁对方的工具。孩子不是父母婚姻中的武器，也不该成为父母逃避面对破裂关系的道具。

当婚姻已经破裂时，父母正确的做法是如实告诉孩子，父母分开，是父母的事情，与孩子无关。无论父母的关系变得怎么样，孩子永远都是父母的孩子，而父母也永远爱着孩子。

离婚并不仅仅是父母的事情，更是整个家庭的重大决定。孩子作为家庭的一员，有权知道自己家庭未来的走向，以及父母的人生决定。家庭带给孩子的，应该是一个完整的成长环境，而不是虚假的成长环境。

如果离婚不可避免，爸爸要意识到，婚姻结束的是夫妻关系，不是亲子关系。一个男人也许不是一个好丈夫，未必不能是一个好爸爸。

从心理学的角度看，离婚会导致夫妻双方产生无助感，他们会忍不住一遍遍地想到自己失败的婚姻，想到失败之后要承受的后果：经济的负担、社会舆论的压力、寻找新伴侣的难度。

这些挫败的感觉都是对自我的攻击。作为生命的两大动力之一的攻击驱力，它既可以对内，也可以对外。为了将这种沉重而痛苦的自我攻击转移出去，夫妻双方都可能会转而攻击另一方和孩子。

因此，当离婚的夫妻双方一方对另一方怀有巨大的怨恨和愤怒时，他们会转而向孩子灌输这样的观点："你的爸爸/妈妈是坏人！他／她不爱你了，他／她不要你了。"

孩子很容易会受到离婚后拥有抚养权的一方影响。如果抚养他的人一直对孩子灌输这样的观点，那么对这个孩子以后的亲密关系也有很大影响。孩子最先接触到的亲密关系的模板是父母如何恶劣地对待彼此，听到的是父母是如何坏，如何抛弃了自己。这样的孩子内心没有安全感，很难信任他人；而孩子为了避免受到折磨，会变成内心分裂的人。

精神分析学家梅兰妮·克莱因认为，儿童心理发展的一个状态，就是把世界分为好与坏两部分。他们把好的部分吸收进自己的内心世界，把坏的部分"分裂"出去。这也是一种心理防御机制，叫"分裂"。

在格林童话《白雪公主》里，公主和她的妈妈都是善良美好的，而她的后母和后母的镜子、毒苹果都是邪恶的。在《灰姑娘》里，灰姑娘是美好的，她的继母，以及继母的两个女儿都是邪恶的。

童话呈现的就是小孩的世界，非善即恶。

分裂这种防御机制的本质就是，在小孩眼里一个人要么全是爱与优点，要么全是缺点。严重时，分裂甚至会发展成精神病。但是，正常的人也或多或少有些分裂，比如说，爱一个人，他身上就只有优点，不爱这个人了，他身上就都是缺点；感觉良好时就觉得人生多么美好，有不好的事发生时，整个人生的意义就被全盘否定了。

分裂感严重的孩子，长大后很难维持稳定的亲密关系。

根据克莱因的理论，不想让孩子内心分裂，父母就必须培养孩子一种能力，引导他们从多个角度来看待关系与情感，并且能够接纳双方关系与情感的不完美。在孩子成长的过程中，父母要让孩子的内心中有一个好的客体。用通俗的话来说，孩子心中必须住一个他爱的人，因为孩子相信爱，长大后才可以承受分离；心中有爱，才能独处。

在破裂的夫妻关系中，夫妻双方，尤其是孩子的主要抚养者一直向孩子强调对方的"坏"和"抛弃行为"，将婚姻关系的破裂归咎于对方。孩子的内心就会分裂。长大以后，他们也不能在自己的亲密关系中承担责任、接纳关系的不完美。

心理咨询有一条规定，就是让来访者把咨询时间和咨询周期固定下来。这样做是为了帮助来访者在内心重新建立一段"稳定"的关系。在稳定的基础上，重新整合内在的"好"与"坏"、"爱"与"恨"。

孩子出生后，爸爸需要跟家人重建关系

有来访者曾经坦白，在孩子刚刚出生的一段时间里，他有一点儿妒忌孩子跟妻子的关系。他说，以前热恋和刚结婚的时候，妻子跟他非常亲密，两人互动很频繁。孩子出生以后，妻子全部的注意力都在孩子一个人身上，他好像变成一个多余的人。甚至有时候他叫妻子，妻子都懒得理他。他觉得孩子仿佛在跟他争夺妻子的爱。

这是一个必然的过程。如同我在序章里所说的，就像电

影中的一幕，当任何一段关系加入了新的成员时，就会产生一段新的关系。夫妻关系是由两人组成的，男人扮演丈夫的角色，女人扮演妻子的角色。孩子出生后，三个人需要重新创建新的家庭关系模式。男人在这段关系中多了一个角色，就是爸爸。他自然需要行使新的角色功能。这是一个需要发挥主观能动性的角色。

与此同时，女人也增加了妈妈这个角色，但是妈妈跟孩子之间建立起来的是"必然"的母子关系。尤其在孩子出生的前三个月，婴儿分不清自己和世界的关系，妈妈和婴儿是一体的。

因此，需要跟这段关系中的其他两人主动建立关系的，是爸爸，但是妻子不应该把孩子"私有化"。这其中的区别用一句话就能概括：我们一起把孩子抚养长大，而不是丈夫"帮助"我养大孩子。

母职向内，很多时候把孩子留在身边陪伴，通过言语和情绪的传递就能完成。父职向外，是供养、保护、规训，是必须通过"身教"才能被孩子接纳的。因此，幼年时期的孩子常常分不清父母各自为家庭做了哪些贡献。爸爸的功能有时候需要妈妈的协助来完成。

有这么一对年轻的父母，他们想让孩子去上一个不错的私立幼儿园。于是孩子的爸爸每天都到幼儿园门口等园长。每次都是几小时，一等就是一个月。好几次园长看到他也没有理他。最后，在幼儿园面试现场，园长"意外地"选中了这位爸爸的孩子。后来过了很久，在一次家长会上，园长告诉这个妈妈，她是被孩子爸爸的执着打动的。

不知道这个妈妈会不会把这件事告诉孩子，如果不说，孩子可能永远都不会知道爸爸曾经为他做了什么。他只会看到，爸爸经常不在家，在家陪着他的是妈妈。其实为了他的成长，父母都付出了很大的努力。

如果一个爸爸没有得到妈妈的帮助与孩子的认可，被动地从家里边缘化了，他应该怎么办呢？

人类是群居动物，每个人都有群体归属意识。当这种意识落空时，我们会感觉人生非常虚空。这不是单纯的孤单。它会让人失去坐标定位，弄不清自己在社会和生命中处于什么样的位置，让人产生自己如同被海浪抛到岸边的一块浮木的感觉。

作为爸爸，如果他没有尽到一个父亲的责任，他自己也会有一种强烈的失落感。当他自己主动或是被动地边缘化时，他作为父亲的角色就会濒临死亡。

如何才能避免这样的事情发生，让边缘化的爸爸重新"挤进"家庭呢？首先，爸爸应该选择做一个真实的爸爸。

做一个真实的爸爸，拒绝符号化

美国有部电影叫《真实的谎言》，主角是个特工，他不能告诉家人，他是什么人，他在做什么。他的女儿常常发现爸爸忽然消失一段时间，过段时间又回来了。她跟爸爸总像是隔着一层什么东西，女儿渐渐失去了对爸爸的信任。这部电影的结局是，妻子和女儿都知道了爸爸真实的工作，知道了他的苦衷，以及他为她们所做的一切。女儿谅解了爸爸，在她的眼中，爸爸从一个鬼鬼祟祟的人变成了一个英雄。

在现实的生活中，爸爸也应该尽量表达真实的自己。父亲角色力中有一条就是"做真实的自己的能力"。只有一个有血有肉、有情感和生活细节的人，在子女眼中才是一个真实的人，虽然爸爸可能会有虚弱和不完美的一面，但正是因为这些缺点的存在，爸爸的正面形象才会显得更加高大。反之，一个疏远而严苛的爸爸会变成一个符号化的人设，虽然他好像还在家里，但其实已经是一个"缺席"的爸爸。

很多政治领袖都是符号化的，因为符号化能够带来标签的效果。艺术、文学领域的杰出代表，也有可能变成符号。比如说，文艺复兴三杰代表了西方文艺复兴时期的一种标志性的风格和成就的高度。莎士比亚是古典主义巅峰向浪漫主义过渡的符号。唐朝诗人李白和杜甫，一个是浪漫主义的"诗仙"，另一个则是具有深沉忧患意识的"诗圣"。

符号有一个重要特点，即它们都是别人，尤其是后人总结的，跟当事人的关系不大。符号往往强调当事人某个特殊的人格面，突出的特征让当事人其他复杂的人性消失了，剩下的往往是光彩夺目的平面印象。

在消费社会，人们的需求是被创造出来的，相比物品的物理属性和实用性，消费者更关注商品的符号价值。

鲍德里亚在《消费社会》一书中明确指出，为什么中产阶级要追求生活全方面的符号化，为什么人们会如此疯狂地追求商品的非实用性，比如商品的品牌或者商品背后的概念。鲍德里亚认为，这源于完美的诱惑。这里，商品的意义不是通过思考或论证产生的，也不是早就预设好的，而是被暗示的，根据具体情境设定的，并且这种暗示正好契合消费者一连串的心理反应。

大多数自媒体公众号，无论是时尚的、汽车数码消费的还是情感的，都在暗示：你缺少什么。因为你缺，所以你需要去补齐。于是需求就被创造出来了。

结果就是当事人追求着一种"完美"的、符号化的、从形式上看什么东西都"不缺"的生活。

爸爸的功能也很容易被符号化，比如机场的玩具店让很多匆忙的爸爸可以"不缺"回家送给孩子的礼物。礼物的本意是传达情意，但是在这样的情境下，更多的爸爸只是为了完成一个仪式。爸爸首先是一个人，是有情感的人，但是在追求符号化的社会中，爸爸很容易就会被变成一个符号。而符号是无法跟孩子和家庭其他成员建立起真实的情感联结的。

以积极的姿态进入家庭

爸爸对孩子的陪伴，更多的是把他们往外带，让他们对外面的世界产生好奇，从而想去探索。

这个意义上的陪伴，更多时候不是"看护"，而是主动参与到和孩子的互动中，当他们遇到困难时，帮助他们。帮助他们摆脱当下的困境，教会他们解决问题的方法。

这件事，在等待和被动状态中是不会发生的。如果一位爸爸留给孩子的始终是一个忙碌的背影，孩子是不会主动把爸爸"喊回家"的，他们更倾向于把父亲这个意象理想化、符号化。

当孩子对爸爸感到失望的时候，如果爸爸不主动做点儿什么来重建自己的父亲形象，孩子的失望是不会自动消失的。就像《银河补习班》中邓超饰演的爸爸那样，无论家庭的形态是什么样的，自身的能力和状况是什么样的，他都应该想办法在孩子面前展现自己的能力，以积极的姿态重新进入家庭，用爸爸的精神力来滋养家庭。

这里有很重要的一点，就是如何成为一个吸引孩子的人，积极参与到孩子的人生之中。

用精神力来滋养孩子的重要表现就是给予孩子"满足"的体验，换句话说，就是给孩子提供情绪价值。这不是简单用钱就可以解决的。完成这件事的关键在于爸爸以什么样的身份重归家庭。

美国麻省大学波士顿分校爱德华·特罗尼克(Edward Tronick)博士在 1975 年发表了一项关于婴儿情感发展的研究成果，这个实验的名称叫"静止脸试验"（Still Face Experiment）。

研究发现，在妈妈对婴儿毫无反应的这段时间里，婴儿心跳加速，体内压力激素增加，如果持续下去，他大脑关键部位的细胞可能死亡。研究人员还发现，四个月大的婴儿在两周后回忆起遭遇的"面无表情"事件，会迅速出现负面的生理变化。

对于这种情况，美国心理学家乔尼丝·韦布提出了一个概念：情感忽视。她认为孩子对父母有很强烈的情感互动需求。如果父母能经常和孩子进行心与心的交流，孩子的情感就能得到健康的发展。反之，如果父母对孩子的情绪不敏感，或者对孩子的情绪状态不关心，孩子的情感一直没有得到父母正面积极的反馈，孩子就会压抑自己真实的感受。所谓正面积极的反馈，是指对孩子情绪的安抚和照顾。比如孩子在学校遇到了不开心的事情，垂头丧气地回到家里，父母应该询问他发生了什么，并针对孩子的情绪做出共情和安抚；如果孩子失去了心爱的玩具或朋友，父母也应该尽可能安慰他，陪伴他。

很多父母认为，自己的责任只是保证孩子身体健康，学习成绩优秀，而忽视和孩子之间的情感互动。在前不久热播的电视剧《隐秘的角落》里，主角之一朱朝阳，他的母亲就是这种类型的家长。长期缺乏母亲情感关怀的朱朝阳最后逐渐黑化，沦为一个内心阴暗的少年。现实中缺乏父母情感关注的孩子，虽然大多不至于像朱朝阳那样极端，但他们心中的焦虑和痛苦会慢慢累积，聚沙成塔，导致孩子逐渐丧失活力。

父母长期情感忽视会造成下面几种后果。

1. 抑郁症

抑郁症就是人丧失活力的表现形式之一。虽然抑郁症的病因至今尚无权威的解释，但已经有研究证实，抑郁症和情感忽视相关。荷兰莱顿大学的心理学家研究发现，该国成年抑郁症患者的主要病因就是情感忽视，而这些忽视，往往来自于他们身边最亲近的人，并没有给他们应有的关注和支持。

2. 上瘾

相信在很多人身边，都有些嗜酒如命，烟瘾很大的人。这些人对酒精等物质的上瘾行为，心理学上称之为物质成瘾。心理医生普遍认为，童年期遭遇性虐待、身体和情感虐待等创伤，是诱发物质成瘾的原因。情感忽视是一种长期的、慢性的创伤，会给孩子情感和身体带来压力。如果孩子长期处于创伤情境中，他长大后就可能出现物质成瘾这种情况。

3. 内心空虚没有乐趣

社会上很多人在外人看来有很好的工作，美满的家庭和不菲的收入，但他们内心深处，却快乐不起来。他们总是觉得自己还没有实现真正的价值，对自己很不满意。这类人往往感觉很空虚，总是会和其他比自己优秀的人比较，然后觉得自己没用，闷闷不乐。

这种空虚感可能导致他不停地换工作，可没有一份工作能让他满意。这类人的婚姻和爱情大多也无法稳定下来，因为这种空虚感时时折磨着他们，让他们误以为自己没找到对的人，或者没有找到合适的工作。

这种空虚不快乐的感觉，可能是因为童年时期养育者的情感忽视，导致孩子习惯性地压抑自己的需求，满足别人的需求。他们总是把自己的价值感附着在外界的人或事上，内心很难感受到平静安宁。

如果父母觉察到了自己对孩子的情感忽视想要弥补，可以试试下面的方法。

1. 确定孩子的感受。当父母感觉到孩子的情绪不好时，应该主动询问孩子发生了什么，孩子的感受是什么，具体而精准地理解孩子的情绪和感觉。不要说"没事，想开点儿""一切都会过去的""这么小的事，不值得难过"等这些话。因为这些泛泛的说法，更像是一种敷衍，没办法拉近家长和孩子之间的距离，也没办法让家长准确理解孩子的感受。

2. 准确理解孩子的情绪产生的原因。父母如果准确理解了孩子产生情绪的原因，就能给孩子提供能更好的支持和共情。比如孩子气鼓鼓地从学校回来，你可以问他为什么生气，如果是和同学打架了，就可以问他具体在气什么。是气自己打不过别人？还是气被同学欺负了？抑或气自己的好朋友不帮忙？或是老师偏袒？

3. 表达支持。你要告诉孩子，无论发生什么情况，你都站在他这边，都会和他一起扛。你理解他，也永远支持他。

4. 告知孩子他的局限性。告诉孩子，不是身边所有的事情，他都能控制。孩子很小就必须知道，世界上有很多事情，自己控制不了。训练孩子尽量理解和接纳这些无法控制的事情，接受无法挽回的结果和别人的行为。

当今社会，爸爸的一部分功能是可以用金钱买到的，家长可以花钱给孩子请很好的家庭教师，送他们去参加各种夏令营。这似乎都是金钱的贡献。但是仔细想一想，满足孩子的并不是金钱本身，而是孩子在这个过程中得到了一种体验，看到了更广阔的世界。

爸爸的陪伴提供的就是一种体验。爸爸应该选择跟孩子一起去做一些更有趣、更能吸引孩子注意力的事。孩子往往不会像成年人那样认真思考金钱给他买到了什么东西，他们往往更关注当下这一刻的感受。

满足孩子不是钱可以解决的，这时候就非常考验爸爸是以一种什么样的"身份"和"姿态"进入家庭的：

放下手机。对孩子而言，20分钟高质量的专注陪伴远胜于60分钟漫不经心的在场。

坐到地板上。对孩子而言，身处一个平面的感觉才是对爸爸真实的体验。

玩一些带有肢体冲撞元素的游戏。孩子可以从你身上学到竞争与规则的边界。

拥抱孩子和妻子。用原始的肢体语言表达情感。

目光接触、用心倾听、谈论情感。这些都是爸爸可以给予孩子的最好礼物。

第十三章

"看见"爸爸：
看到存在，见到内心

有多少父母在等孩子说一声"谢谢",就有多少孩子在等父母说一声"对不起"!

当今社会对"父母"太苛刻了。苛刻的原因是,在互联网资讯如此发达的时代,我们能够看到太多美好的东西、太多优秀的达人,了解到太多的教育方式,接受太多不同的理念,于是我们"逼"自己必须培养出完美的孩子,我们身边其他父母也在"逼"自己做到这样的事。

我们对父母的要求越来越高,忘记了父母在他们自己的成长过程中,也有他们自己的不足,也仍然需要自我成长。我们想象父母应该是完美的,是 100 分的父母。同时,我们也忘记了,父母与子女之间,首先是一个家庭,是一段亲情。

父母值不值得原谅是一个伪命题

有一天,我们工作室发生了一件特别有趣的事。

我的一位朋友用一个小时的时间跟我喋喋不休地抱怨着

自己的原生家庭是多么差劲儿，父母是如何对不起她，在她的成长中没有给予任何有用的东西。

急着要出门的我终于在她喝水的三秒钟间歇插了句话："咦，你皮肤挺好的耶。"女孩头都没抬说："是啊，这是遗传我妈的。"

我说："那你还说你父母什么都没有给你……"

女孩当场就愣住了。

个人是家庭的一分子，家庭是社会的一分子。关于"原生家庭"的很多讨论都把焦点集中在"父母值不值得原谅"上面。

这个命题本身就是妨碍一个人前进和自主命运的伪命题。无论值不值得原谅，他们都是父母，如果一个人一直纠结要不要原谅别人，恰好说明这个人并没有真的走出那段不愉快的经历。

我的助理在念研究生时跟同门关系不太好，她们总是互相讲对方的不是。有一次助理出门旅行了一段时间，她回来时就有好事的同学跟她说："在你不在的这段时间里，××又说了你哪些事。"助理一愣，没有反应过来。之后，她忽然意识到，自己在过去的几周玩得太高兴了，以至于都忘了要讲别人的坏话，也忘了有人会讲她的是非。而之前，她总是把注意力放在那个同学的身上，连开个班会都在想，她可能又要讲自己什么了。

有一天，我跟几位朋友吃饭，其中一位女性听说我是心理咨询师，就向我请教如何解决家庭矛盾。她说她被婆婆气出了癌症，说她的愿望就是跟婆婆分开，老死不相往来。我就问她："那你婆婆都怎么着你了？"她说："她把我和丈夫赚的钱都拿去给她不成器的小儿子家用这种大事就不说了，婆婆连下楼去打个酱油，都没忘了跟邻居说我的不是。"我就笑了，说："看来你对你的婆婆真的非常在意啊。连她跟邻居说过的每件事，你都用心地观察到了，还说自己的愿望是彻底跟她分开？如果你真的想要跟婆婆彻底分开，就不要再去关注她的任何言行，也不必刻意保持客气的态度；如果你发现你根本做不到不关注她，那反过来说明，你的无意识其实是需要这个恶婆婆存在的。"

有时候，恰恰是由于我们过分在意，才把全部的注意力都放在上面，反而失去了退一步海阔天空的可能性。

一个孩子需要的是成为自己。一直等待父母的"对不起"，其实是一种自我惩罚，惩罚自己不能离开一个场景，去往下一段关系。同时，这还有可能是一个借口，一种用于逃避自己性格缺陷的隐形"获益方式"。

现在一些"90后"不想结婚生子，他们心里普遍有一个想法："我自己在成长过程中遭受了很多的苦，我不想把这些东西传递到自己的孩子身上，我甚至没有信心能够成为好的家长。"

客观来说，这是一种非常负责任的态度。这个问题的核心在于：如果我有一个孩子，我要怎么去教育他，我想要成为一个什么样的家长。

从社会的角度来说，当代的物质生活和以前相比有极大的发展，全球化的分工体系，让中国的教育很大程度上跟世界接轨。这是一个非常适合养育孩子的时代。从另一个角度来说，现在房价高企，社会竞争激烈，成年人养活自己尚且不容易，所以这又是一个并不容易养育孩子的时代。

同时，现在的很多观念跟以前并不一样。养儿防老这样的诉求，已经几乎不存在了。"90后"选择婚姻，选择育儿，已经不再是生存的需要，更多是一种精神的延续。这件事需要有足够的精神支撑人们才会下定决心去做。因此，当年轻一代的人思考自己能不能养好一个孩子，自己要做一个什么样的父母时，他们恰恰是以一种非常审慎而负责的态度对待自己和（未来的）孩子。

面对社会的"苛责"，成长型父母可以做什么

每个人的童年都可能有过创伤经历。有一些问题，只有当你自己有了孩子之后，才会被激发出来。譬如，一个男孩有一个严苛的爸爸，以后他可能就想要以同样的方式严苛地对待自己的儿子；又譬如一个女孩有一个强势的虎妈，长大以后她就变成了另一个虎妈，不知不觉在自己的家庭里继续扮演强势的虎妈角色。

我们假如选择这样做，就可能会使自己受过的创伤延续到自己孩子的身上。所谓成长型父母，需要的就是在面对孩子时，能够自我觉察到这些创伤体验，意识到自己作为父母

的角色职能，然后做出自己的选择。

　　所以，我们要学会跟自己和解。做父母是需要学习的。很多父母都有这样的体会，在带第一个孩子时，有一些事做得并不是那么完美，在带第二个孩子时，他们会做出一些补偿和调整。但是做过的事，不能再推倒重来了。有些责任需要我们勇敢地承担起来，而有些情绪是我们需要跟自己和解的。这也是近几年中国的心理咨询行业发展如此迅速的原因。做心理咨询就像是在照镜子，心理咨询师是一面专业的镜子，在镜子的帮助下，我们能够更好地照出我们心里的那个自己，更好地了解自己。接纳自己已成为当代社会一个重要的课题。

　　除了真实地面对自己，成长型的父母不能总想着用教育专家的方法对待育儿问题。现在信息非常发达，教育补习机构比比皆是。很多第一次做父母的新手们"畅游"在这些密集的信息中，他们希望自己的教育方法卓有成效，希望能够快速找到解决问题的方法，然后"搞定"孩子遇到的一个又一个问题。过度关注造成过度期待，他们总希望孩子是完美的，自己是"100分"的。这跟过往几十年里，父母因为孩子多，家庭资源又不够，简单粗暴的"放养"方式形成两个极端。在追求"完美"的过程中，他们往往忽视了孩子的心理健康。

孩子的问题，很可能是父母自己的问题

　　我有一个朋友，她来到我的工作室寻求帮助。她发现孩

子在学书法的过程中出现一个问题：在老师那里，他写的每个字都非常工整，写的时候非常专注、投入。回到家里写作业，他就写得很潦草，态度也是漫不经心的。

我就问这个妈妈："你看到他这种态度，你一般会怎么做？"这个妈妈回答说："我就会跟他说，你写好了我就奖励你，你要是还是这种态度，我就告诉老师，或者发到你的同学家长群，让大家看看你的这种态度。"我说："那，你看，这在心理学上就叫恐惧驱使了，你正在试图让孩子感到恐惧，然后让孩子因为恐惧而去做什么。"这个妈妈想了想说："确实孩子说过，我这是在威胁他。"

孩子对这种威逼利诱做出了被动的抵抗，一再打破妈妈对他的期待。

这是一个极为不好的体验，幸亏这位妈妈发现了孩子的问题其实是她的问题，因为她自己就是一个容易被恐惧驱使的人，所以她总是试图表达："那是危险的，如果你不想被惩罚，你就要按我说的做。"如果她"成功"了，她就会把孩子养成一个跟她一样的总是被恐惧驱使的人。

生命的动机有两种：

一种是恐惧驱使。意思是，遇到什么事，这个人首先想到的是不能被别人惩罚，"只要我能完成，我就不会被责罚"。

被恐惧驱使的人遇到一个人，他们会先看这个人的缺点，想象这个缺点会如何妨碍他们的交往；遇到一件事，他们会首先想到没完成会受到怎样的责罚，从而常常选择退缩。

第二种是成就驱使。意思是，我做了什么事之后，会觉得特别满足。

被成就驱使的人遇到一个人，他们会先看对方的优点，想象如果我跟这个人交往，该有多么美好；遇到一件事，他们想要去试试，因为他们觉得完成这件事就是对世界有贡献的，能够在贡献中得到满足的感觉。

这是两种截然不同的人生态度。生命的原动力会影响一个人行事的方式，思维的方式，最终会影响这个人一生的成就。

这个妈妈听到我这番理论，当即恼羞成怒、摔门而去。我说："她大概需要两个月左右的时间来成长吧。"果然，一个多月后的某一天，这位妈妈再一次上门了。

在谈话的最后，这位妈妈也提到，当丈夫发现她和孩子形成了这样的相处模式时，也曾提出过建议，但是被她否定了。咨询结束时，这个妈妈也表示，愿意回家再跟丈夫好好聊一次，听一下他作为爸爸的一些观点和建议。

能够意识到自己的问题，愿意为此做出改变，这正是成长型父母的样子。

同时，父母也要体谅孩子，理解孩子的难处和痛苦。不要把自己的必修课和成长课，拿来让孩子替我们上。孩子不是父母的续集，也不是父母的番外，父母不应该把孩子定义为另一个自己。

尊重规律，适时放手

我们工作室有一个助理，她跟父母的关系非常有趣。她说自从她上了大学，父母就很少管她了。有时候她需要找父母帮忙，还得先打电话问问他们现在在哪里。她上大学后，父母最常说的一句话就是："你已经长大了，很多事你就自己看着办吧。作为你的父母，我们现在也想要出去走走，去完成我们自己人生中想要做的事。"

因此，她的父母常常不在家，经常天南海北"到处走走"。

在孩子成长的过程中，父母为他们提供支持。孩子长大后，他们尊重孩子成长的规律，放手让孩子离开自己，去完成他自己的人生。这才是一个健康家庭的样子。

父性的回归是时代的必然

从古罗马时期到今天，爸爸这个概念总是长存，具体到历史的某个时期，父性短暂的缺失并不奇怪。在工业高速发展的年代，爸爸缺失是一种短暂的必然。

从生产方式来说，工业社会使爸爸不得不到离家更远的地方去工作。爸爸跟孩子之间也开始变得陌生。工业时代的孩子既看不到爸爸日常的工作和生活，也不再持有爸爸作为英雄榜样和一家之主的意象。不管爸爸是否在维持全家的生活，为家庭做了哪些贡献，孩子都不清楚。并且由于当代社会普遍的工作形态，孩子在有限的见面中，见识到的父亲形象也大多是工作了一天以后疲惫的样子。在这种情况下，父亲的集体意象被日益侵蚀，变得刻板、模糊，发展到今天就成了"缺失"。

从价值观念来说，工业社会更重视物质价值。即使在强调情感的时候，我们也首先用物质条件来衡量情感。比如说，结婚要不要买房，择偶要选高富帅、白富美，这些都是物质化的价值。爸爸的首要任务就是把资源拿回家。有心理学家曾经说过，一个爸爸要是不能给家庭提供足够的物质，还不如让孩子看到他忙碌的背影。原因是，不能供养家庭的爸爸，他在家里的权威是保不住的，而爸爸本人也会因为"做父亲太难了"而宁可选择退行。

从文化观念来说，传统的婚姻家庭观念也受到冲击。城市变化日新月异，导致人们文化观念改变。很多人的休闲娱乐时间都被"杀死"在通勤的地铁上。

我做过一个测验：问一些在互联网公司上班的女孩，如果你们加班，男朋友怎么办。女孩说："我男朋友也在加班啊。我们的陪伴方式是开视频，能看到彼此加班的样子，各自吃外卖的样子。"

时间长了，他们彼此也越来越搞不清究竟是开个视频看着就好，还是非得耗时一个小时挤十八站地铁出现在对方的面前更好。

当工业大发展的浪潮发展到一定时期，我们呼唤父性回归的时候，这也就意味着我们需要重新定义家庭，重新定义个人成就。一个男人的成就不仅在于他在社会上取得多少经济利益，获得多高的社会地位，他的成就同样来源于家庭。家人之间的联系，彼此的情感联结产生的幸福感，同样是当今社会检验一个男人幸福程度的重要指标。

2019 年，纪录片《徒手攀岩》讲述了户外运动的顶级高手们的梦想与追求。他们左手是随时可能在运动中丧生的极限运动，右手是家庭与亲人。主角最终离开了永远在路上、永远在峭壁上的冒险生涯，未来也许会和所爱之人组成家庭。

"永远年轻，永远热泪盈眶，永远在路上。"这句话曾经被中国年轻一代奉为经典，它出自杰克·凯鲁亚克的《在路上》。凯鲁亚克是"垮掉的一代"的代表人物，《在路上》恰好也是嬉皮士时代的经典作品。

2011—2017 年间上映的美国系列大片《速度与激情》，贯穿整个 7 部剧集的情感主线是飞车党老大多米尼克挂在嘴边的"家人，永远是家人"。不管年少多么轻狂、多么热血、多么激情、多么高效，背后的支撑力量都是"家人"，都是为了自己的"家人"。这样一个黑手党领袖般的老大，最喜欢组织家庭宴会，大家在吃饭前要一起感谢上帝让他们能够坐在一起变成一家人。

在工业社会的初期，社会变革剧烈。从农村到城市，从人力到机器，整个社会都在发生剧烈的变化，个人和家庭作为社会的分子，自然也身处动荡之中。随着工业化进程的发展，社会大环境逐渐趋于平稳，个人也会从动荡游离中回归。人类对同伴、对群体的归属感也随之重新变得强烈，对家庭给予的精神支撑有了新的渴望。当物质大发展到达相对平稳的阶段，社会的精神需求会重新抬头。这恰好是一个稳定的社会形态的重要特征，例如古罗马繁荣时期，例如1984年冷战后的美国社会。当代的中国也走到了这样一个社会形态的分水岭。

2013年，湖南卫视大型真人秀综艺节目《爸爸去哪儿》，恰恰就是这个回归大潮的一个社会化的表现。这是社会发展的需要，也是家人的需要，也是很多孩子的需要，也是爸爸本身的需要，这也是一种进步，是一个社会自己在成长的过程中的阶段性表现。

很多爸爸开始意识到自己作为"父亲"的角色，更多的社会话题、文艺作品、电视节目开始关注父亲这个角色的存在，讨论父亲这个角色的功能、价值和意义。

父亲意象不一定是在真实的父母身上获得的，父亲的一些功能是可以购买的，是可以被人工智能替代的。

譬如，以前教孩子游泳的是爸爸，现在很多孩子去上游泳班，有教练教孩子游泳。又譬如，以前孩子睡前有父母给他们讲故事，现在可以在网上买一个专门讲故事的课程。

一方面，孩子和忙碌的爸爸虽然相隔万里，但是也可以通过电话视频看到彼此；另一方面，就算近在咫尺，他们也可能不发生联系。

所以，这个时代会让爸爸们更加焦虑，担心自己的父性价值。同时，更多教育理念的传达，让爸爸们开始思考自己究竟要做一个什么样的爸爸。

怎样做爸爸是可以学习的，但父亲这个角色本身却没有剧本和模板。我写这本书的目的，正是在于让孩子、让妈妈、让更多的人"看见爸爸"。

看见爸爸：看到爸爸的存在，见到内心

电影《心灵捕手》，讲述了一个心理咨询师和一个数学天才的故事。麻省理工学院的一位数学教授在系里的公布栏上写下一道他认为十分困难的题目，希望他那些杰出的学生能够解开答案，却无人能解。年轻的清洁工威尔在下课打扫时，看到了这道题并轻易解开了它。

威尔在数学方面有着过人的天赋，却是个叛逆的问题少年。后来在教授蓝勃、心理咨询师桑恩和朋友查克的帮助下，威尔最终打开心扉，消除了人际隔阂，并找回了自我和爱情。

影片中有一个情节：当威尔愤怒地表达着自己的情绪时，

他的心理咨询师慢慢地靠近他，两只眼睛一直坚定地看着对方，并告诉他："这不是你的错。"

每一次，威尔把他推开时，咨询师都会温柔地靠近他，坚持告诉他："这不是你的错。"慢慢地，威尔抗拒的力量越来越小了，最后，他悲伤地哭了，咨询师拥抱了他。

咨询真正有效，是在咨询师理解和共情他的那一刻。

有一位来访者讲过一个故事：

初中阶段，我有过大约两年被寄养的经历，寄养的家庭是我爸爸的一位朋友，寄养的目的是将来能考上一所好学校。所以，那段时间，我既要寄养在爸爸朋友的家里，又要转到新的学校读书。

我不太擅长主动跟别人交朋友，而周围所有的环境都是陌生的；面对不熟悉的家庭、老师和同学，我心里既有压力又感到特别焦虑。

当时，有一个隔壁班的同学，我们经常在上学路上遇到。

上学第四天，我们又在路上遇到了。他主动走过来跟我打招呼："你是新转来的同学吧，你叫什么名字？以后，我可不可以跟你一起去上学？你刚来这儿，对很多事情还不太熟悉，到时候，我介绍朋友跟你认识。"

他的这些话，让我从头暖到脚。

那一刻，我觉得我被看见了，因为他看到了我对陌生环境的局促不安和不善于主动跟人交往的孤独。

被寄养之前，我爸爸要求朋友对我各方面都严格一些。

所以，当考试没考好的时候，我得不到任何安慰。相反，我只得到指责、奚落和更严厉的对待。在那个年代，很多父母对待子女、老师对待学生都喜欢用激将法或耻笑的方式。

初中阶段，正是长身体的时候。那时，我胃口特别好，饭量非常大。可是，家里的物质条件并不是很好，我经常吃不饱。中午带饭到学校，永远只有一个菜。这种感觉就像林黛玉进了贾府，哪怕别人对她很好，她还是有一种寄人篱下的感觉。

有时，我会写信向我的父母抱怨，但每次爸爸的回信总是让我感到难过，不是鞭策就是要求。我心里的委屈只能憋着，不知道向谁诉说。

有一次，我实在太难过了，于是就骑着脚踏车回奶奶那儿去。奶奶特别爱我，我从小跟着奶奶长大。当她看到我回去的时候，她好像预感到了什么，见面的第一句话就是："哎呀，你看你，都瘦了，在那边生活肯定不好吧。"我一把抱住奶奶，畅快地哭了。

我觉得，奶奶很懂我，她看见了我的感受，看见了我的委屈。

被别人看见，我们会有存在感。

所谓存在感，是指被重要的人看见或被特别的人重视的感觉。

看见别人的前提是能设身处地站在对方的角度去思考，而不是以自己的角度去看对方。

"无我"，不是指没有自我。而是在那一刻，我们放下了自以为是的自恋，才能真正看到对方的存在，明白对方的感受。

看到他人的存在才能看到他人的内心。很多时候，被看见的不仅仅是我们表现出来的样子，更多的是我们内心的感受。

在一个家庭里，能够"看见"家人也是一种能力，只有在"无我"的状态下才能做到。这需要我们打破自恋，打破自己的自以为是，打破抗拒的姿态，打破对别人的敌意，同时需要释放的是被我们保护起来的脆弱的自己。

被别人看见，能让我们感受到：

第一，这个世界上是有人跟我们联结的，我们并不孤单；

第二，我们会感到特别温暖，因为我们无法表达出来的感受，能被对方知道；

第三，最主要的是，我们能体会到自己被人懂得了。被人懂得是无条件的满足，是一种幸福的感觉。

当代中国爸爸们勤勤恳恳、兢兢业业，努力工作，把责任装在心里，把家庭扛在肩上，把孩子牵在手上。从某种程度上说，他们个人的世界可能很小，就只有一个烟卷那么大，但是属于他们的整个世界又很大：有责任、担当、家庭和孩子的未来。

在这样的世界里，父亲因为责任和担当顶天立地。这就是最典型的当代中国父亲。

中华民族自古以来就重视家庭、重视亲情。不论时代发生多大的变化，不论生活格局发生多大的变化，这样的民族传统都不会改变。

父性的回归是时代的必然。

每个人都渴望被看见，爸爸们也是一样的。

■ 自我觉察训练三

1. 放弃做 100 分的爸爸

温尼科特有一个著名的"60 分妈妈"的理论。

其实做爸爸也不需要 100 分。放弃完美的包袱和 100 分的标准，我们才不会变成一个符号，才会是一个真实的人。

100 分本身有一个悖论：100 分的标准是谁来定的？谁为这个标准打分？如果它是父母自己定的，自己给自己打分，即使父母做到了所谓的 100 分，也只是父母完成了自己认为自己应该完成的事，而不是完成了孩子期望的事。

总有来访者"抱怨"孩子很大了，吃饭还是不省心，要监督，要喂。孩子为了满足这个"自恋"的妈妈，他就一直不让自己成长，一直让妈妈来帮助他。妈妈在这个过程中是

"苦大仇深"的。孩子就配合妈妈，扮演了给妈妈制造麻烦的人。

非常有趣的是，这些孩子在学校吃饭并没有什么问题，这说明孩子的能力并没有问题。每当遇到这样的情况，我会让妈妈想一下："你有没有想过孩子正在配合你，让你觉得自己是一个'100分的妈妈'。"有时候孩子就这样变成了一个牺牲者，他们会源源不断地喂养父母不健康的自恋。不健康自恋的父母需要一些帮助他们完成自恋的工具，而孩子是最好控制的一个工具。

在这样的家庭里，真实的状态是缺失的。孩子对父母也不坦诚，他们只是在满足父母的期待。

100分的标准还有一个值得警惕的坏处，即人的性格都有阴暗面。"超我"过高的父母，会把孩子变成自己的另一面。

有统计数据显示，部分医生和中小学教师的孩子，变成少年罪犯的概率可能比正常人更高一些。

有些父母的道德感太高，他们心里恶的一面可能会投射到孩子身上，并被孩子认同。然后他们配合父母，变成了一个坏孩子，从而满足了父母要当绝对好人的这种自恋需求。

荣格有一个著名的人格面具和阴影理论。根据这个理论，人的"心"都包括了以下四个层面：

真我（self）：心灵的核心，包含无意识和意识两部分；

阴影（shadow）：为迎合外界期望而压抑的部分；

自我（ego-self）：心灵的意识层面；

人格面具（persona）：符合外界期望的部分。

通俗地说，我们每个人都有一个外显的人格，与之相对，我们的心里也一定会有跟这个外显人格相反的阴影部分。但是这一部分人格可能被压抑在心灵深处，是无意识的，平时无法被触碰到。

具有极高道德标准的父母，他们心里也有阴影，由于外显的人格比普通人更极端，他们对内心这部分阴影的压抑程度也比普通人更强烈。哪里有压迫，哪里就有反抗，阴影始终存在。所以在某些特定的时刻，这个人就会受无意识的支配，去接近具有"阴影"部分人格特质的人，或者诱发身边的人的阴影特质，从而通过跟这个人的联系，来触碰自己的这一部分内心。

这就好比有时候我们会看到很多外表并不般配的关系：

一个极外向的人，找了一个很内向的伴侣；

一个勤劳的人，找了一个懒惰的伴侣；

一对节俭的父母，养出一个奢侈的孩子；

一个天天按时打卡的好女孩，更容易被一个逃学的男孩吸引；

一个完美主义强迫症的老板，可能找了一个粗枝大叶，连 PPT 分割线都对不齐的下属。

这些"不般配"中，蕴藏的恰恰是心灵深处的"般配"。

对爸爸和妈妈来说，判断这种反向的般配是否还在正常范围之内的标准就是：某个特质有没有变得极端。假如一个人的外显人格的某种特质达到了极端的状态，比如他极其节俭、极其勤劳、自我道德规范极高，那么他们隐藏的那部分对应的阴影人格必然也到达了相应的极端高度。这时候，被强烈压制的阴影必然只能以极端的方式彰显自己的存在感了。一种是这个人本身精神分裂，另一种就是不断寻求在其他人的身上显现这部分特质。

2. 让孩子长成他自己

孩子不是父母的续集，父母也不是自己孩子的前传，更不是"别人家孩子"的外传。

他就是他自己，让他长成他自己。

让孩子长成他自己，意味着父母不要用自己的期待来绑架孩子。这种期待除了明确要求孩子要达到一个什么样的目标的显性表现形式，还有一种特别隐晦却攻击性十足的表现形式。

每个父母都希望孩子健康快乐，但有些父母会刻意强调这一点。这些父母嘴上总是说"我对孩子没什么要求，他只要健康快乐就好"，行为上却给孩子报各种补习班、兴趣班。

这种现象在心理学上被称为"反向形成"。

反向形成是指一个人有某种感受，但是她不希望自己有这样的感受，于是就用完全相反的方式来表达和行动。

很多感觉不好的人，往往会刻意强调自己一切都好。真正感觉良好的人，是压根儿想不起来要说这么一句话的。